Franz Hermann M

Max Klinge
Monograph

Meissner,Franz Hermann: Max Klinger. Monographie
Hamburg, SEVERUS Verlag 2013
Nachdruck der Originalausgabe von 1899

ISBN: 978-3-86347-731-8
Druck: SEVERUS Verlag, Hamburg, 2013

Der SEVERUS Verlag ist ein Imprint der Diplomica Verlag GmbH.

Bibliografische Information der Deutschen Nationalbibliothek:
Die Deutsche Nationalbibliothek verzeichnet diese Publikation in der
Deutschen Nationalbibliografie; detaillierte bibliografische Daten sind im
Internet über http://dnb.d-nb.de abrufbar.

MAX KLINGER

Franz Hermann Meissner.

Schuster & Loeffler.

MEINEM EHEMALIGEN LEHRER

DR. PHIL. KARL FREY

PROFESSOR FÜR NEUERE KUNSTGESCHICHTE
AN DER BERLINER UNIVERSITÄT

IN DANKBARER VEREHRUNG

ZUGEEIGNET

DAS KÜNSTLERBUCH

VON

FRANZ HERMANN MEISSNER

MAX KLINGER

Max Klinger

von

Franz Hermann Meissner

MAX KLINGER.

Motto: „Sieh' dir die Kunst an, von der
man mit der Zeit hoffentlich
immer mehr lernen wird, dass
in ihr die eigentliche Natur-
geschichte, die natürliche Ent-
wickelungsgeschichte der Menschheit wie in einem hellen Spiegel
uns vor Augen steht."
(W. Bülsche, Liebesleben in der
Natur.)

as erste Künstlerauftreten in
der Öffentlichkeit zeigt gemeinhin denselben rosigen
Schimmer wie die erste
Liebe. Alle Illusionen, deren
eine junge Seele fähig ist,
und jenes echte Mitempfin-
den bei Angehörigen, Ver-
wandten, Lehrern, Freun-
den, ja selbst bei der Kritik mit einer noch ecken-
und kantenlosen jungen Menschenblüte klingen da mit
hellem Wiederhall zusam-
men und scheinen eine
sonnige Zukunft einzuläuten.
Man hört es oft noch nach

Aus den »Graphischen Künsten« 1891.

Jahrzehnten, wenn man es nicht selbst erlebt hat,
aus dem Tonfall heraus, mit dem ein Künstler von

diesem Augenblick spricht: wie schön war er! Er war um so schöner, je weniger man von der Welt, von ihren Bewegungsgesetzen, von den Entwickelungsbedingungen verstand. — Und doch ist ein Erstauftritt fast stets für die Laufbahn so belanglos wie nur möglich. Laue Erfolge nützen so wenig als sie schaden, — zu frühe Erfolge haben fast immer das hippokratische Gesicht baldigen künstlerischen Versandens für das Auge des Eingeweihten, — Misserfolge scheiden nur die Untüchtigen von vornherein aus der Wettkämpferzahl; die Begabten und Willensstarken bleiben unberührt davon; für sie bedeutet der Durchfall nur die erste schmerzliche Erfahrung an der Welt. — Aus der nächsten Vergangenheit lassen sich Dutzende von Beispielen anführen; es sei nur an Cornelius, Makart, Menzel und Böcklin (bei des Letzteren erstem Auftreten in Berlin!) erinnert. Der erste wie der einzelne Schritt in der Künstlerlaufbahn bedeutet eben nichts, — der unbeirrt sich auswachsende Charakter ist in der Kunst Alles, — ja, er ist mit einem kleinen Vorbehalt sogar mehr als das Talent. —

Auch Max Klinger ist vor 20 Jahren in Berlin auf die drolligste Weise ausgepfiffen worden und nahezu mit einem vollen Misserfolg auf die Bühne der Öffentlichkeit zuerst getreten. Das war 1878 in der Frühjahrs-Schülerausstellung der Berliner Akademie. Man sah ein Bild mit einem jungen Mann, der sich an einer Kirchhofsmauer der Hasenhaide mit gespanntem Revolver vier Strolche vom Leibe hielt, und lobte es lau. — Eine Folge von Federzeichnungen für das spätere Radierwerk

vom »Handschuh« begegnete kühler Zurückhaltung,
weil man die Sache nicht verstand. Das war anscheinend
eine Liebesgeschichte, — und doch wieder keine. Es
war ja eigentlich kein dazu nötiges Mädel vorhanden,
keine argwöhnische Schwiegermutter, keine Verlobung
und Hochzeit, kein Bösewicht von Nebenbuhler. Diese
Phantasieen waren einfach so sonderbar, dass braven
Leuten bange um die geistige Gesundheit dieses Zeichners
wurde. — Die andere Zeichnungsfolge vom »Thema
Christus« aber war der eigentliche »Sündenbock«, auf
den sich reichlich die Schalen des Zorns und sittlicher
Entrüstung ergossen. So dreist hatte noch Keiner ge-
wagt, die heilige Legende humoristisch zu behandeln,
und so beissend hatte auch noch Keiner das p. t. Publikum unter dem Bilde desjenigen von anno 30 nach der
Heilandsgeburt angezapft wie hier, wo das »historische«
Ergriffensein der Menge von Gestalt und Lehre des
Messias als ganz gemeine Radaulust angenagelt war.
Alles schimpfte darüber; nur L. Pietsch lobte das
künstlerische Geschick und Lewin knüpfte eine pro-
phetische Weissagung wegen Klingers Zukunft daran.
Er sollte leider das Eintreffen derselben nicht mehr
erleben; es wäre ihm Balsam auf die Wunde gewesen,
dass er damals wegen seines Eintretens für diese seltsamen Dinge in seinem eigenen Blatte angegriffen
wurde. — Während aber alle Welt über die Christus-
folge schimpfte, lachte eine Gruppe von Malern aus
vollem Halse über diese Blätter, wie sie schon bei
deren Entstehen darüber gelacht hatten. Das waren
die Stammgäste vom »Hungerturm« in der Hohenzollern-

strasse, — Prell, Voigtländer, Krohg und noch ein paar
Andere, die dort mit Klinger hausten, in ihm ihr
Haupt verehrten, den Beginn der »modernen« Kunst-
bewegung bis auf den fehlenden Einen in sich dar-
stellten und nebenbei den kunstsinnigen Hauspförtner
Piefke begönnerten. Sie kannten nämlich die Vorgeschichte dieser Christusblätter. Der Anlass dazu
war ihr dänischer Genosse Christian Krohg, der heute
als geschickter Marinemaler in Kopenhagen sitzt, damals aber in Berlin studierte. Der ewige Mangel an
Denaren, der bei jungen Leuten meist chronisch ist,
gab ihm die Idee zum Wettkampf um ein Altargemälde
für einen nordischen Flecken Kragerö ein. Er hatte
nie Derartiges gemacht, lief tiefsinnig umher, fragte
Jeden um Rat und bekam die drolligsten wie unglaub-
lichsten Vorschläge von der ausgelassenen Freundschaft
zu hören. Er war im Nu die komische Figur mit der
ewigen »Konkurrenz von Kragerö« im »Hungerturm«
geworden. Eines Tags sagte Klinger während solcher
Scherze mit pfiffigem Ernst zu ihm: »Krohg, mein
Sohn, ich sehe, dass Du's nicht fertig [bringst; wart'
ab, ich helfe Dir.« Das gab Halloh, — ein halbes
Dutzend Köpfe guckte über die Schultern des Zeichnenden,
und wie nun mit genialem Wurf Vorgang und Figuren
mehr und mehr sichtbar wurden und ihren kostbaren
Humor entfalteten, da wollte der Jubel kein Ende
nehmen. Zu empfängnisfrisch waren diese jungen Seelen,
als dass diese Linien nicht sogleich gezündet hätten.
Einer der Freunde machte sich den Witz, das Thema
mit dogmatischen Gründen anzugreifen, worauf Klinger

seelenruhig zu einem zweiten Bogen griff und ein
neues Bild unter allseitiger Spannung begann, das
dieselbe schlagende Mache trug und mit derselben über-
wältigenden Charakteristik die Ausgelassenheit des
Kreises hervorrief. — Der Anerkennungswiederhall
bei den Freunden aber hatte eine solche Kraft und
Innerlichkeit in die Künstlerhand gelegt, dass Klinger
bei einsamer Betrachtung des Gemachten zur Fort-
setzung angeregt ward. Aus dem Humor wurde Ernst, —
das Gelungensein veranlasste die öffentliche Vorführung
der Blätter auf der schon genannten Ausstellung; sie
erregten bei der unvorbereiteten Menge Widerstand
und Zorn. — In dieser ebenso drolligen als klassischen
Weise ist Klinger zuerst seiner Mitwelt bekannt geworden! — —

*   *   *

So barock, launisch, übermütig aber der Geist
dieser Blätter auch war, eine so neuartige Auffassung
vom Thema auch dies winzige Päckchen von Zeichnungen in das verdutzte Publikum geradezu schleuderte,
— — so wenig überraschend konnten sie eigentlich für
den unbefangenen Kunsthistoriker, wie Lewin z. B., sein.
Denn nur das grössere Genie und die Freiheit, mit der
dieser junge Akademiker das System auf moderne
Empfindung und modernes Sehen angewandt hatte,
trennte ihn von Genelli, Schwind und deren Vorläufern
bis in die deutsche Frühzeit hinein. Er fusste im
Grunde auf diesen nur ein bis zwei Jahrzehnte älteren
Vorgängern und war dem »jungen« Menzel in allem

Zeichnerisch-Illustrativen trotz aller Neuartigkeit seiner Blätter viel verwandter als Irgendeiner. Um es kurz vorweg zu schicken: Klinger ist von seinem ersten Schaffen ab ein kühner und wohl unser grösster Eroberer auf einer geschichtlich gegebenen Bahn, — ein Revolutionär ist er nie gewesen. —

Geistiger und seelischer Natur ist die eigentümliche Kunstgabe der Germanen. Denkkunst, Dichtung, die auf mathematischen Eigenschaften beruhende Musik sind ihre natürlichen Kunstgebiete. Ihnen ist der Sinn für die Wirklichkeit gebunden, — sie haben das innerliche Schwergewicht auch bei der Pflege der anderen Künste immer betont. Die Gothik mit ihrem starken Gefühlszuge hat nur in Deutschland ihre höchste Blüte erreicht, — die Bildhauerei hat bei uns bis zur Renaissance wesentlich die seelischen Gesichtspunkte statt der formalen vertreten, — das ursprüngliche Wesen

Ex-libris H. Klinger.

der Malerei als Buchkunst ist in unserem Schaffen bis heute erkennbar. Wie eng hängt das Alles mit unseren stimmungsvollen alten Städten zusammen! Hohe Mauern, schmale Gassen, Giebelbauten mit hohen Dachhauben, Butzenscheiben, kleine, trauliche, dämmerige Gelasse. Engster Zusammenschluss des Familienlebens und davon seelische Übergewalt über den Menschen. Kraus, schnurrig,

eckig, in Träume versponnen erscheint der Deutsche
der Vergangenheit dem schwungvoll-freien Wesen des
Romanen gegenüber. Ein Genie im Kleinen und Ver-
borgenen hängt er sich an jene Künste und Kunst-
weisen, bei denen einsames Erfinden und stillver-
gnügtes Aushecken zur Geltung kommt. Er tiftelt für
sich ohne Bedürfnis nach einem Publikum und dem
Markt, ohne eigentlichen Drang nach Gefeiertwerden.
Er ist bei seinem unpersönlichen Mitteilsamkeitshang
der natürlichste Erfinder des Buchdrucks, der Holz-
schneide- und Kupfertafel-Kunst, die auch in seiner
Hand die höchste Blüte erleben. — Wer je im Dürer-
haus zu Nürnberg war, durch die stillen Wohnräume
Meister Albrechts schritt und dann in der niederen
und lichtarmen Werkstatt weilte, — wer diese kleine
und eng abgeschlossene Welt mit ihrem Umkreis
draussen auf sich wirken liess, der muss diesen
Grundnerv der deutschen Kunst gespürt haben.
Schongauers und Dürers schönste Werke gehören der
Griffelkunst an, — Holbeins Ruhm ist nicht auf seine
Meisterbildnisse, sondern auf die Holzschnittfolge der
Todesbilder aufgebaut. Vor der nachgiebigen, mit
wenigen Strichen so Viel sagenden und die Phantasie
entfesselnden Holzschnitt- und Kupfertafel, vor dem
Papier mit dem Silberstift in der Hand muss man sich
diese grossen Meister in ihren besten Stunden denken.
Die beflügelte Einbildungskraft erschaute dann ohne Sorge
um haarscharfe Wirklichkeit die Welt draussen als ein
köstliches Gerank von lieblichen, anmutig-stillen, ernst-
erfüllten oder drolligen Geschehnissen, — sie nimmt

dem Poeten die Feder aus der Hand und erzählt an
seiner Stelle in behaglichem Nacheinander, was die
Künstlerseele bewegt. Und das ist die eigentliche Sprach-
form der deutschen Kunst geblieben. Sie begegnet uns bei
den stammverwandten Niederländern bis zu Lukas von
Leyden und Rembrandt weiterhin, — bei den Engländern
wie Hogarth z. B., — sie tritt zurück, als Deutschland
mit dem dreissigjährigen Krieg geistig fast vernichtet
und welscher Nachahmung für lange verfallen war, —
sie erwachte aber mit den ersten Zeichen nationaler
Selbstbesinnung bei Chodowiecki, dem in Carstens,
Cornelius, den Nazarenern wieder die ersten richtigen
Griffelkünstler nachfolgen. Und welch' eine Fülle
klangvoller Mundarten entwickelt sich alsdann in dieser
Griffelsprache bei Rethel, Genelli, Schwind, L. Richter,
Menzel bis zu dem Künstlerkreis der »Fliegenden Blätter«,
der dieser Kunstweise damit eine Volkstümlichkeit er-
warb, wie sie seit der Reformation für die Kunst nicht
mehr bestanden hat.

Ist es beim Deutschen die poesie- und stimmungs-
frohe Fabel- und Schilderungslust, die harmlose Mit-
teilsamkeit, der die Griffelkunst eine so reiche Pflege
dankt, — so sind es merkwürdig veränderte Ziele, die
hier und da einem romanischen oder wenigstens nicht
rein deutschen Künstler von Bedeutung Grabstichel
und Radiernadel zu freien Phantasie-Schöpfungen in
die Hand gedrückt haben. Rembrandt allein äusserte
in dieser Form seine Freude an der malerischen Wirklichkeit, — bei den anderen Ausländern zeigt sich die
Geistigkeit dieser Darstellungsweise in Kritik und

Satire. In Gährungszeiten mit verlorenem Schönheitssinn und unter dem Druck unerträglicher politischer und
socialer Verhältnisse haben oft freie Geister und scharfe
Beobachter zum Griffel statt zum Pinsel gelangt und
damit ihrer Zeit ein Spiegelbild hingezeichnet. Ge-
währt doch diese künstlerische Sprachweise dem Satiriker
leicht die weite Verbreitung des Buchdrucks ohne so
gefährlich wie dieser zu sein. Der Spanier Goya, —
Klingers technischer Vorläufer, — blieb durch die
Bildhaftigkeit seiner blutigen Satiren auf die Inquisition
und die Staatsgräuel gedeckt, während das Wort ihm
den Hals gekostet hätte. Der Lothringer Callot ist
eine ähnliche französische Erscheinung, während der
englische Satiriker Hogarth im Wesentlichen als blosser
Stecher seiner moralisierenden Gemäldefolgen nur be-
dingt hierher gehört. Ein voller Griffelkünstler dieser
Art hingegen war Rops, der geniale Ausdeuter und
Herold der fieberhaften französischen Sinnlichkeit. —
Die Kunst von Max Klinger ist theoretisch das
volle Erbe aller dieser geschichtlichen Vorgänger, ohne
dass eine Spur von Eklektik zu Tage träte. Ihre Ge-
dankenfäden laufen bei ihm zusammen, — wo sie auf-
hörten, beginnt seine Sprachweise. Woher es kommt,
dass nicht nur Dürer, Holbein und Menzel in ihm
eine neuartige Auferstehung feiern, sondern auch Goya,
Hogarth, Wiertz für ihn zu fruchtbaren Anregern werden, um eine »Griffelkunst« entstehen zu lassen, die in
einem Dutzend von Werken das Ideen- und Seelenleben fast der gesamten Gegenwart zu umfassen scheint.
Wenn seine Vorstellungskreise und seine Formen-

sprache dabei soviel mächtigere und reichere Anblicke
bieten als die seiner Vorgänger, und die Neuartigkeit
wie die Höhe seiner Kunst einen so gewaltigen Fort-
schritt zu verzeichnen scheinen, so vergesse man nicht,
dass das Schicksal ihn zum Zeitgenossen einer der
stärksten Neubildungen seit Jahrhunderten gemacht hat.
Sein Lebensmilieu ist bedeutender selbst als das von
Dürer und Holbein. Grosse politische, sociale, wissen-
schaftliche, litterarische, malerische, musikalische Er-
eignisse der letzten Jahrzehnte haben ihm den rohen
Stoff in unendlicher Fülle dargereicht. Als Künstler,
Denker, hochnervöser Empfinder hat er unbedingt eine
der stärksten Begabungen mitgebracht, . . . aber die
schaffensdurstige und nach neuer Schönheit ringende
Zeit war sein mächtiger Helfer . . . sie gab seinem
Werk die durchgeistigte Physiognomie! In dieser Rück-
wirkung der Gegenwart auf ihn wurzelt Klingers zweifel-
lose Grösse . . . ihr sind in der Kehrseite gewisse Mängel
zuzuschreiben. Die satte harmonische Schönheit eines
Raffael darf man nicht überall als Massstab an ihn legen...
wohl aber findet man zwischen ihm und Michelagniolo
und Dürer als den Söhnen einer gleich stark bewegten
Epoche die schlagendsten Ähnlichkeiten. — — — Eine
hochinteressante Erscheinung dabei ist diese, dass
Klinger niemals die in der Kunst so leicht bedenk-
lich werdende »patriotische Phrase« ausgesprochen
hat, — das Deutsche über Dürer hinaus bis zum Mythos
anscheinend nicht kennt, vielmehr als ein geistiger Kos-
mopolit der nationalen Kulturtheorie sogar misstrauisch
gegenübersteht, — und doch im blossen Sichüberlassen

Max Klinger.
Nach einer Aufnahme von Herrn Professor Dr. E. Lehmann in Leipzig.

an sein künstlerisches Schwergewicht der erschöpfende
Abdruck des deutschen Kunstgenius in unserer Zeit
geworden ist. — —

* * *

Das heiterste Vorspiel leitet die glänzende Laufbahn von Max Klinger ein. Er hat gleich Goethe eine
köstliche Jugend verlebt, aber auch gleich diesem die
Schuld an das Schicksal durch selbstvergessenen Fleiss
abgetragen. Klinger ist am 18. Februar 1857 in Leipzig
geboren. Er genoss nicht bloss die »bevorzugte Kinder-
stube«, sondern auch die Gnade, von seinem ersten
Schritt ab in die Kunst hinein in seinen Neigungen
gehätschelt zu werden. Eine sehr liebevolle, gemüt-
reiche, in ihrem Familienkreis aufgehende Mutter, von
der alle Bekannten des Hauses rühmend sprechen, überwacht die ersten Lebenstage. Aber entgegen der
herrschenden Theorie vom Muttererbe der Kunst hat
Klinger sie nicht von ihr, sondern vom Vater erhalten,
der seinerseits mit dem ersten Griff des Kleinen nach
einem Bleistift gerade diesem Sohne die grösste Aufmerksamkeit zuwendet. Der vor einigen Jahren gestorbene alte Herr Klinger, dem Max einer Photographie nach namentlich in der Augenpartie sehr ähnlich sieht, hatte nämlich eigene Künstlerträume in der
Jugend jäh unterdrücken müssen. Noch vorhandene
Arbeiten zeugen von einem nicht gewöhnlichen Talent.
Es muss ein harter Kampf der Entsagung gewesen
sein, aber seine Thatkraft überwand ihn. Er wurde
Kaufmann und Fabrikant, arbeitete sich mit kluger
Umsicht und unermüdlicher Ausdauer hoch und er-

Aus einer Akademikerball-Karte von 1878.

warb in der solidesten Weise ein sehr bedeutendes
Vermögen. Aber die Jugendsehnsucht verblasste nicht
ganz, sondern glimmte fort und hatte eines Tages
unter der dunklen Hand des Vererbungsgesetzes Fleisch
und Blut bei seinem zweiten Sohn bekommen. Mit
welcher Lust mochte er die ersten instinktiven Regungen bei diesem Kinde bemerkt, — mit welch' herz-
pochendem Staunen als Kunstverständiger beobachtet
haben, wie wundersame Erfüllung seinem Jugend-
traum in diesem Sprössling werden sollte! Er hat
jedenfalls mit der grössten Liebe die Entwickelung des
Kindes überwacht und mit einer seltenen Opferwillig-
keit dem Erwachsenden alle Wege geebnet, sodass
er sich ohne jede Nebenrücksicht seinem Schaffenstrieb
überlassen konnte. Das war der einzige wirkliche
Luxus, den der alte Herr ausser dem schönsten Park-
grundstück von Leipzig späterhin sich leistete. Dafür
konnte er aber auch, nachdem er das Geschäft dem
Jüngsten übergeben hatte, im Kreise seiner sorgsamen
Hausfrau und zweier anmutigen Töchter die letzten
Jahre in dem schönen Bewusstsein verleben, dass sein

Ältester als Chemiker von Ruf die ersehnte Universitäts-
professur (jetzt in Königsberg) erhalten hatte und sein
Zweiter bereits im 34. Lebensjahr für einen der grössten
Künstler aller Zeiten erklärt worden war.

Den Kunsttrieb, die Thatkraft, die Ausdauer, das
Selbstvertrauen hat Klinger von diesem Vater; von
der Mutter das tiefe Gemüt. Er war im besten Sinne
für die Kunst belastet. — Das zeigt sich in den ersten
Jahren schon in einer unglaublichen Kritzellust; wo er
stand und lag, waren Bleistift und Kreide in seiner
Hand und nichts vor ihm sicher; ein dämonischer
Drang dazu macht ihn unempfindlich gegen die Aussenwelt, gegen alle Schulstrafen wegen seiner Schnörkel-
sucht. Als 10—14jähriger Knabe karrikiert er in
einem Heft ungeschickt, aber voll starken Gefühls für
das Leben wie charakteristische Erscheinung alle ihm
bekannten Götter und Halbgötter. Immer wirft er
schnell und übermütig im Spiel hin, — die Natur unmittelbar nachzuahmen, treibt es ihn nicht, — seine
Phantasie ist zu unruhig dazu. —

Was bestimmt diese Phantasie? Seine Jugend-
lieblinge Jean Paul, E. T. A. Hoffmann, der Simplicissimus einerseits, — andererseits die Heimatstadt
Leipzig. Die Pleissestadt giebt einen der interessantesten Ortseindrücke, die ich kenne. Aussen eine
nüchterne und öde Fabrikstadt ohne »Umgegend«, ist
sie innen eine angenehme Stadt mit schmucken
Häusern, kleinen Gärten, hübschen Villen. Im Kern
hat sie am Rathaus - Viertel sehenswerte Bauten
aus der deutschen Spätrenaissance-Zeit, viel Stimmung-

volles, Heimliches und zuweilen sogar Spukhaftes. Hier
ist das Viertel, wo E. T. A. Hoffmann umgehen könnte.
So viel Poesie die Örtlichkeit aber hat, so wenig
Farbe bietet sie, so wenig eigentliche Malereindrücke.
Die neueren Prachtbauten sind meist erst nach Klingers
Fortgang entstanden; das heute mustergiltige Museum
bot in seinen damaligen Anfängen noch nicht allzuviel
Anregung. Die äussere Erscheinung der Stadt mitsamt
der reizarmen Umgegend gab einem künftigen Maler
keine lockenden Vorbilder, aber sie musste auf die
Phantasie wirken und diese mit Sehnsucht in eine
schönere Ferne füllen. Und dies ist es auch, was
Klinger eine Reihe der lieblichsten Landschaften der
Gegenwart hat schaffen lassen, trotzdem oder vielmehr
weil er ein Leipziger war. Man ersehnt, was man
nicht hat, — und die Italiener sind bekanntlich die
schlechtesten italienischen Landschafter! — — Aber
das Stadtäussere beförderte die Phantasie nicht allein,
denn auch die Vergangenheit und der heutige Lebenspulsschlag haben Anteil daran. Leipzig hat eine
quellfrische Überlieferung. Die Hochschule hat alten
Ruf und ist mit vielen Berühmtheiten verknüpft.
Gellert hat hier seine Fabeln und Lieder gedichtet,
Goethe studiert und Auerbachs Keller unsterblich gemacht. Preller und Genelli haben vorübergehend gemalt. Von Bach, der Kantor an der Thomaskirche
war, zu Richard Wagner, der hier geboren ist, geht
die grosse Vergangenheit unmittelbar bis zu den Ge-
wandhauskonzerten; Leipzig ist die deutsche Musik-
stadt. — Aber Leipzig ist auch der Mittelpunkt des

deutschen Buchhandels, der stets geistige Kämpfer
aller Art heranzog; G. Freytag, Spielhagen, Auerbach
haben hier zeitweise neben Anderen gehaust; Gottschall
ist heute noch dortiger Litteraturpapst. Dieses Strömen
der ganzen geistigen Arbeit Deutschlands durch die
Kanäle des Leipziger Buchhandels hat seine Rück-
wirkung spürbar ausgeübt. Es ist viel Reichtum da
und ein hoher Durchschnitt von Intelligenz; daher viel
Regsamkeit, Verkehr, ein weltstädtischer Charakter;
selbst die Physiognomieen der kleinen Leute auf der
Strasse zeigen eine Durchbildung, wie man sie in
dieser Art nur in der Mitte von Berlin, in Frankfurt
und Köln findet. — — Dass dieses Zusammenwirken
von Ortserscheinung, Vergangenheit, Lebenspulsschlag
auf Klinger gerade nach der Seite der Phantasie und
hohen Bildung eingewirkt hat, lässt sich durch Ana-
logieschluss beweisen. Die Leipziger Künstlergruppe
der letzten Jahrzehnte: Prell, Greiner, Stoeving, Müller-
Schoenefeld, der Bildhauer Volkmann, also Klingers
Landsleute, Freunde zum Teil und ungefähre Alters-
genossen bezeugen durch die ausgesprochene Phantasie-
Richtung und Geistigkeit ihres Schaffens, dass ,Leipzig
auf einen künstlerisch Gearteten nach dieser Richtung
hin einwirkt. Also beruht auch zu einem Teil das
Klingerische darauf. —

Interessanter Weise ist neben diesen Wurzeln der
Gedankenrichtung, des Kunsttriebs, der Phantasie-
färbung in Rasse, Vatererbe, Heimateindrücken bei
Klinger auch das mächtige Temperament unzweifelhaft
auf eine Stammeseigenschaft zurückzuführen. Die Ober-

sachsen sind Germanen mit starker wendischer Mischung. Das Mischungsverhältnis bezeichnet zwei sehr verschiedene Menschenschläge. Der eine ist der fast slavisch betriebsame, gemütvolle, harmlose und bescheidene Durchschnittssachse. Sein Genügen an idyllischer Ruhe des Lebensabends, seine pedantische, am Kleinen hängende Weltbetrachtung drücken sich prächtig, wenn auch sehr einseitig, in der humoristischen Gestalt des »Partikulier Bliemchen« aus, dessen Wesen der alte Fontane ebenso einseitig als das des »Kaffeesachsen« bezeichnet hat. Ist schon die harmlose Gemütlichkeit dieses Menschenschlags darin gespiegelt, so fehlt doch die Kehrseite einer grossen Tüchtigkeit und zäher Ausdauer, die Sachsen zum blühendsten Staat in Deutschland gemacht hat. Neben diesem Durchschnittssachsen aber giebt es einen ausgesprochenen Herrentypus. Kühne und rücksichtslose Thatkraft, heisse Leidenschaftlichkeit, Selbstvertrauen und Ausdauer, hochnervöse Empfänglichkeit für Eindrücke der Aussenwelt, aber auch Pessimismus sind ihm eigen, — wie Fontane es in diesem Fall glücklicher ausgesprochen hat. Diesem Schlag verdankt Deutschland eine Reihe seiner grössten Männer ,und Sachsen die wichtige Rolle, die es in unserer frühesten Geschichte namentlich spielte. Von den neueren sächsischen Künstlern sind Herrennaturen von diesem Typus in den interessantesten Spielarten Richard Wagner, Max Klinger, Fritz von Uhde, auch Hermann Prell, wenngleich dieser mit rheinischem Blut gekreuzt ist. Klinger ist seit Wagners Tode der Hauptvertreter dieses Herrentypus, den sein

wildes Temperament, seine kühne Gestaltungs- und Er-
oberungskraft, seine Selbstsicherheit, sein Hang zur
Düsterkeit, seine Aufnahmefähigkeit, sein tiefes Ge-
mütsleben vielseitig offenbaren. —
Was dieser so begabte und belastete Knabe auch
angegriffen haben würde, hätte einen grossen Zug, Be-
stimmtheit, hohe Intelligenz aufweisen müssen. Aber
das Vatererbe war das stärkste und trieb den Jungen
ohne Schwanken der Kunst zu. — Eines Tages musste
damit Ernst gemacht werden. Bekannte und Sach-
verständige wiesen auf Gussow als ausgezeichneten
Lehrer, — Bilder desselben gefielen Vater wie Sohn, —
1873 geht Max nach Karlsruhe zu diesem heute mit
Unrecht in den Hintergrund gedrängten Meister, der
jedenfalls als Lehrer wie Maltechniker von hohem Verdienst ist. Welcher Art die beiden Karlsruher Lehr-
jahre waren und wie der junge Leipziger dort hauste,
ist mir nicht bekannt. Einer Zeichnung von 1875 nach
sind es richtige Schuljahre, in denen der Lehrling sich
zwischen Antike und Gussow hindurchmauserte. Es
ist weder Fleisch noch Fisch, aber ersichtlich ist der
Geist des jungen Zeichners viel reifer als die Hand. —
Als Gussow dann 1875 nach Berlin berufen wird, geht
Klinger mit; Karlsruhe hat keinen bemerklichen Einfluss
auf ihn ausgeübt; aber Berlin wirkt wie ein Treibhaus:
alle Leipziger Keime brechen binnen Kurzem auf. —

* * *

Berlin war für Klinger eine neue Welt. In diesen
Jahren des ersten Aufenthalts von 1875—79, den nur
das Leipziger Militärjahr von 1876 unterbrach, reift sich.

der junge Künstler in einer geradezu seltsamen Viel-
artigkeit und Empfänglichkeit für die Welt draussen aus.
Das damalige Berlin lag noch unter dem Alpdruck
der »Gründerjahre«, des wirtschaftlichen Niedergangs
nach einer kurzen Blüte als werdende Weltstadt. Es
war noch viel Idyll, Geheimrätlichkeit, bedächtiges
Misstrauen gegen die Forderungen der 1870er Erfolge;
die neuen Aufgaben in weltstädtischer wie weltstaat-
licher Hinsicht waren noch nicht recht begriffen. Nur
einzelne Gebiete rangen mit wirklich Neuem. In den
exakten Wissenschaften gaben Virchow, Helmholtz den
Ton an und Siemens mühte sich, mit der von ihm ein-
gefangenen und gezähmten Erdenergie Industrie und
Verkehr in grössere Bahnen zu lenken. In der Architektur hatten Wilhelm Böckmann und Hermann Ende
nicht lange zuvor die Ära privater Monumentalbauten
eingeleitet, — Menzel vertrat die exakte Darstellung in
der Malerei, ohne dass man das Bedeutende darin recht
begriff. Im Allgemeinen war solides Können und bürger-
licher Idealismus das Zeichen, unter dem die Kunst
stand. Knaus, Gussow, Gentz standen neben Spielhagen, Julius Wolff, Fontane als tonangebend, —
G. Richter und Lindau begannen etwa um diese Zeit
als Blender aufzutreten, — der Fall Wagner erregte
manchen Sturm bei den bravsten Leuten und forderte
Ulk und Lästerung heraus. Moderne Bewegung gabs erst
in ein paar Kneipen und für die Malerei nur innerhalb
des »Hungerturms«, dessen vier Wände die Tiraden
der jungen Stürmer geduldig auffingen und für sich
behielten.

Schlank, engbrüstig, schweigsam schreitet der junge
Leipziger als ein stiller Beobachter durch diese neue
Welt. Wohlerzogen, bescheiden, stets nett gekleidet,
findet er bald Zutritt in die besten Häuser der Kunst-
welt. Bei Gussow, bei Stettenheim, beim alten Gentz,
in dessen traulichem Haus in der Hildebrandtstrasse
man oft nicht atmen konnte vor Gedränge, aber stets
vergnügt war und erlesene Kunstgenüsse zu kosten bekam, verkehrte er und war bald sehr bemerkt, obgleich
er sich zum Paradegenie in keiner Weise hergiebt. Er
lässt diese Welt auf sich wirken, aber er verliert sich
nicht an sie, — er hatte die Klugheit, mitzunehmen,
jung zu sein, sich aber nicht zu verbrauchen. Ebenso
war er unter Genossen und Freunden. Kein Kopf-
hänger, kein Spielverderber, beliebt wegen seines
goldechten Charakters, aber dennoch ein einsamer
Mensch selbst in der Ausgelassenheit. Immer sonst
sass er daheim, zeichnete und entwarf unaufhörlich,
spielte leidenschaftlich Klavier. Er war so sicher in
seinem Wollen und fühlte sich so ausserhalb des
herkömmlichen Rahmens, dass der Neunzehnjährige
während des Militärjahrs daheim erklärte, nicht wieder
auf die Akademie gehen zu wollen; denn was solle er
da, wo die Leute etwas ganz Anderes wollten als er?
Das waren die köstlichen Tage, in denen sehr viele Zeichnungen, die Folgen vom »Thema Christus«, vom »Handschuh« entstanden, — in denen auf dem Skating-Ring
in der Bernburgerstrasse gelaufen ward und der Flirt
blühte, — im »Hungerturm« aber die schwierigsten
Fragen erörtert und die Zukunft der Kunst feierlich

beschlossen wurde. Der »Hungerturm« war ein Dach-
aufsatz auf einem vierten Stock in der Hohenzollernstrasse
und die Werkstatt, die Klinger, wie schon erwähnt, mit
seinen Freunden teilte und Prell, Krohg, Voigtländer u. A.
vereinigte. Brandes, der den Winter 1877/78 in Berlin
verlebte, verkehrte hier auch und hat uns das Treiben
dort ergötzlich geschildert. »Hungerturm« hiess der
Bau, weil seine Stammgäste trotz reichlicher Wechsel
von Haus nie Geld hatten, — welcher Zustand das
gemeinsame Grundübel der jungen Künstler auf allen
Gebieten zu sein pflegt. —

Diese ausgelassenen Stammgäste der Hohenzollernstrasse hatten die vernichtende Kritiklust aller jüngeren
Talente; nichts liessen sie gelten; Alles verrissen sie;
nicht einmal sich selbst nahmen sie ernst. Den Einen
unter ihnen aber verehrten sie andächtig als ihr Haupt,
obgleich er nicht danach begehrte. Und sie hatten
Grund dazu, denn Klinger war mit einem Male ein
frühreifes Wunderkind in diesen Jahren geworden. —
Böcklin soll einmal nach einer mir entfallenen Quelle
den Ausspruch gethan haben, dass Jeder, der es heute
in der Kunst zu etwas bringen wolle, sich dieselbe neu
erfinden müsse. Das ist von dem ersten, nicht mehr
der Akademie angehörigen Blatte von etwa 1876/77
an der Fall bei Klinger. Und wer da weiss, wie An-
fänge selbst der Bedeutendsten auszuschauen und nur
langsam sich auszureifen pflegen, der blickt mit Staunen
und Kopfschütteln auf diese paar Frühwerke und diese
seltsam geartete Reihe von Federzeichnungen, welche
unter wenig Unreifem eine reiche Fülle von Genie und

Schönheit, und das noch obendrein in 3 bis 4 ganz
verschiedenen Stilweisen, offenbaren. Die üppigste
Phantasie, ein hohes Stilgefühl, malerische Empfindung
im Einfarbigen, die Beobachtungsgabe, überlegene Satire, eine merkwürdige Verstandesreife feiern wahre
Wunderkindertriumphe, und dabei sieht man an der
Beherrschung des Ornamentalen, wie erstaunlich viel
der junge Akademiker gelernt haben muss, um das
zu können. — Zum Glück besitzt die Nationalgallerie
einen grossen Teil der besten Blätter, — ein weiterer
ist zugleich mit diesen durch mein Klinger-Werk (Hanfstaengl) wieder zugänglich gemacht, — ein noch grösserer
Rest befindet sich zerstreut in Privatbesitz.

Von welcher vollendeten Anmut, welchem Gefühl
für die jonische Grazie und welcher Eigenart sind nicht
die antikisierenden Blätter wie »Der Kentaur und die
Wäscherinnen«, die »Phryne«, der »Kinderbrunnen«,
»Der auf Frauen schiessende Amor«, »Bär und Elfe«!
Geradezu idealschön und wohl das Vollendetste, was
je in dieser Art gemacht worden ist, sind dazu jene
»5 Rahmenzeichnungen«, die für eine beabsichtigt gewesene Anthologie aus dem klassischen Liederbuch
von Geibel entworfen sind. Die Schönheit und der
Geschmack des Ornaments, die geistreiche Erfindungs-
gabe, das Stilgefühl erreichen eine Höhe, wie sie der
Jonismus kaum in seinen duftigsten Linienträumen ge-
ahnt hat. —

Dieser nachgeborene Hellene aber macht daneben
das Wort, dass man nicht alle 6 Monate seinen Stil
ändern könne, schmählich zu Schanden. Eine andere

Blätterreihe zeigt in ihrer farbigen Wärme eine moderne malerische Anschauung, wie Gussow und Menzel
sie vertraten. »Affe und Naturforscher«, »Die Krebs-
fischerinnen«, »Dame im Wagen«, »Tod beim Gefangenen«, gehören hierher und mit einer starken Be-
tonung des Chiquen auch die »Plauderei«, »Geck und
Dame«, »Der Droschkenkutscher«. Das Beste in dieser
Art ist die »Soirée« mit ihrer eines Menzel würdigen
Charakteristik und Vollendung der Form, ist auch
in wieder anderer Weise das naturfrische Simplicius-
blatt. — — Gleichwertig schliesslich tritt in einer
ferneren Blätterreihe derselben Zeit neben den graziösen
Griechen und den farbenfrohen Wirklichkeitsdarsteller
ein beissender Satiriker, ein lachender Humorist, ein
so infernalisch-spottlustiger Geist mit einem Umrissstil,
für den Rethel, Kaulbach, Wiertz nur sehr ungefähre
Vergleiche bieten, dass man an einen etwa 20jährigen
Urheber nicht glauben könnte, wenn es nicht urkund-
lich belegt wär'. Der sehr kühn erdachte »Schritt der
Zeit«, »Der Tod als Pflasterer«, »Der Katzenjammer«,
»Das Alpdrücken«, »Die Erinnerung an Brüssel«, —
was muss dieser Flaumbart von damals schon mitunter
durchlitten und mit sich gekämpft haben, um in manchen
Stunden so verbittert in die Welt zu schauen?

Dieser Zeit und diesem letzteren Geist gehört auch
Klingers erstes Gemälde von 1877: »An der Mauer«
an. Sehr in das Feine hinein gearbeitet, keck, für
jene Zeit überraschend sonnig gehalten, lässt es einen
eleganten jungen Mann an langer Ziegelmauer kreide-
bleich aber entschlossen mit gespanntem Revolver sich

Kinderbrunnen.   Federzeichnung.
(Kgl. Nationalgallerie, Berlin.)

eines Überfalls erwehren. Ein packender Humor ist
in der Schilderung der vier Kerle entfaltet, die aus ver-
legener Lage sich nicht im Augenblick herausziehen
können und still zu verschwinden suchen.

Ein ähnlicher Humor geht auch durch ein kleines
Illustrationswerk: »Blüten aus dem Treibhause der
Lyrik«, das erst 1882 erschien. Übermütige Lieder
desselben haben ihren überlegenen Zeichner hier gefunden, so altfränkisch auch die Illustrationstechnik
dieser Glasradierungen uns heute anmutet. — —

Aus diesen losen Einfällen, Satiren, Dichtungen,
gezeichneten Bildern hebt sich schon in der frühsten
Zeit jetzt das griffelkünstlerische System Klingers heraus. Die Freude am Gegenstand in der Ruhe, an der
Form genügt ihm nicht. Der Hang, ·in Reihen als
Maler zu denken, einen Vorgang episch abzurollen
oder auch in geistreichem Spiel der These die Anti-
these entgegenzustellen und damit ein lebendiges Ge-
woge von Ernstem und Heiterem, von lockenden Bildern
zu erzielen, ist schon sehr früh bei ihm da. Sein beweglicher Geist will etwas sagen, — eine Empfindung
hat einen grösseren Reiz für ihn, wenn er stufen-
weise ihre Zustände vorführt. Das ist interessant zu
verfolgen, wobei wir uns nicht an die numerische
Reihenfolge der Cyklen halten, die vom Datum der
Herausgabe bestimmt ist, sondern an diejenige des
wirklichen Entstandenseins. —

Klingers erste und letzte Zeichnungsfolge: »Vom
Thema Christus« (1877/78), die in der bekannten
drolligen Weise entstand, angegriffen wurde, aber dafür

als Balsam auf die Wunde des Hohns in den National-
galleriebesitz überging, zeigt ihn als epischen Erzähler
des Leidensvorgangs, wie ihn Dürer und Holbein auch
behandelt hat, — nur dass hier der zweifelsüchtige Humor
der Gegenwart eine Rolle spielt. Welch' eine kraft-
volle Innerlichkeit und welch' eine erschütternde
Charakteristik steckt in diesen fliegenden Umrissen und
in der ausgeführteren Warmtönigkeit! Dort der »Gang
zur Bergpredigt« mit der ausgelassenen Freude der
Menge am Neuen, am Ulk, dem Geplärr von Kindern
und Buben, — hier die »Rückkehr« mit den Aposteln
im Gänseschritt hinter dem Heiland an dem grüssen-
den Kriegsknecht vorüber, indessen ganz vorn drei Phari-
säer mit höhnischem Siegesbewusstsein und pfauen-
hafter Eitelkeit in den Mienen die Spitze führen; das
rembrandtesk wirkende Blatt vom »Zinsgroschen«, die
»Erweckung«, die »Kreuzigung«, — — sie zeigen eine
Fähigkeit, mit einem Nichts zu charakterisieren, und
eine Kenntnis der niederträchtigen Menschheitsinstinkte,
wie sie nur Menzel mit einem weit grösseren Mittel-
aufwand darzustellen gelungen ist. Und daneben findet
sich im Schlussblatt vom »Christus in der Vorhölle«
mit den runden Formen und warmen Tönen wie in
der Christusgestalt der Blätter vorher selbst eine so
erwärmende und vornehme Auffassung vom Christentum, dass man entwaffnet und gepackt wird. Schrille
Gegensätze leben hier, die vielleicht auf seelischen Er-
fahrungen dieser Jahre beruhen, — sie gleichen sich
durch die Kunst aus, die vielartig und bedeutend an
jede der Auffassungen gesetzt ist; dem Künstler war

dabei der Humor so heilig als der Ernst und hinter dem
Spötter steht immer der warmherzige Mensch, dem das
Mitleiden der Kardinalpunkt im christlichen Dogma
scheint. —

Inzwischen hatte der junge Akademiker beim
Kupferstecher Sagert ╷die Behandlung der Kupfertafel
erlernt. Ein Tifteler und Versucher im Handwerklichen
wendet er sich dieser neuen Weise mit voller Wucht
zu, — er entdeckt, dass sie seinem Hang für das Un-
erwartete, Überraschende, Launige, Blitzartige in seinen
Jugendvisionen in prächtiger Weise entgegenkommt, —
sie wird sein Lieblingsinstrument, an dessen Vervoll-
kommnung er mit der ihm eigenen Gründlichkeit sogleich geht, woher denn auch sein erstes Kupfertafel-
werk im Handwerk schon einen eigenen Charakter hat.

Inhaltlich sind die »Radierten Skizzen« (1877 entworfen, 1878/79 radiert) eine Jugendarbeit mit unsicherem
Tasten, mit Keimen künftiger grösserer Würfe, Miss-
griffen und Ungeschicklichkeiten, aus denen freilich
eine verheissende Zukunft herausschaut. Man erkennt
ein Genie ja niemals sicherer als in Fehlern und Miss-
bildungen. Nur die reizende »Schaukel« mit Elfe und
Geier ist in ihrer Art ein gutes Blatt, — die anderen
haben Eigenschaften von Gewicht, ohne wichtig zu sein.
Der Zeichner kann ersichtlich unter dem Zwang einer
noch nicht tägliche Sprache gewordenen Kunstweise
weitaus noch nicht Alles ausdrücken, was er will.
Immerhin aber sind es dem Kundigen leicht deut-
bare Fanfaren, welche die ernstesten Dinge eben an-
kündigen. —

Und diese lassen
jetzt nicht auf sich
warten. Mitten in
heiterem Getändel ei-
ner sich enthüllenden
Menschenblüte, die
nur vereinzelt vorzei-
tige Mannesanschau-
ungen verriet, taucht
nun tiefer Ernst auf, —
die Kräfte, welche
sich im Spiel nur vor-
her geprüft zu haben
scheinen, sammeln
sich mit einem Male
zu einem zielsicheren
Vorstoss auf ein neues
Gebiet, — — Dich
aber, der sich arglos
weidete am reizvollen
Anblick dieses be-
deutsamen Vorspiels,
packt plötzlich eine
mächtige Faust und
hinunter gehts sau-
send und brausend in
die dunklen Berggrün-
de und auf die mys-
tischen Gefilde des

Im Bett. Aus: Paraphrase über den Fund eines Handschuhs.
(Verlag von Amsler & Ruthardt.)

Klingerischen Königreichs. Was Du vorher sahst, war
nur Grenzgebiet, das nichts von den tieferen Fluren verriet, — kein Wunder, wenn Dir auf der Fahrt der Atem
vergeht und die Augen das Flimmern nicht lassen
wollen vor dem ungewohnten Anblick; alle neuen und
bedeutenden Dinge sind ja nicht von heute zu morgen
erfasst und sie werden überhaupt nicht erfasst, wenn
Du nicht die Fähigkeit und den Willen zum Eindringen
mitbringst.

Diese Eintrittspforte in das Klingerische Neuland
und sein erstes echtes Radierwerk ist die »Paraphrase über den Fund eines Handschuhs« (1878
entworfen, 1880 radiert). Auch hier ist die Form und
die Ätztechnik noch nicht reif; neben Misslungenem
steht Gutes im Sinne einer tüchtigen Arbeit, aber die
Genieblitze mehren sich und hier und da kann man
von Hervorragendem sprechen. Das ist jedoch un-
wichtig gegenüber dem Sinn, der mit kühnem Satz sich
auf eine terra incognita begiebt und folgestreng im
Dunklen weitertappt, bis er wieder an das Tageslicht
tritt. Das Werk bedeutet die Eroberung litterarischer
Psychologie, wie sie in Frankreich und Russland für
die Poesie schon angebahnt war, für die Malerei, —
was hier Griffelkunst besagen will. Die Folge könnte
den Untertitel: 24 Stunden aus dem Seelenleben eines
verliebten Jünglings tragen. — Auch dieser Bilderkreis
hat eine vergnügliche Vorgeschichte. Das persönliche
Erlebnis von Klingers erster, und wie man sagt: auch
letzter Liebe, die als ein heisser Rausch in diesen
Tagen über dies leidenschaftlich-nervöse Naturell kam,

3*

hat den Anlass gegeben. Die Hungertürmler verkehrten
damals auf dem seither der Philharmonie gewichenen
Skating-Ring in der Bernburgerstrasse zu Berlin, wo
sich die elegante Welt beim Rollschuhlauf traf. Sie
machte dort durch ihre kreolische Schönheit, die sie
kurz zuvor aus Kuba mitgebracht und hernach wieder
dorthin verpflanzt hat, Aufsehen unter der Herrenwelt,
— er, der elegante und geniale junge Maler, verliebte
sich sterblich in die Fremde. Der weitere Verlauf des
Liebeshandels ist für die Auslegung des »Handschuhs«
nicht von Belang und interessiert uns demnach als
Privatangelegenheit nicht. Wichtig ist nur, dass die
Leidenschaft beim Künstler echt war, und dass er
lange nicht darüber hinweg kam. — Jedenfalls kommt
also von aussen ein tiefer Eindruck, bringt unge-
wohnte Zustände in der Künstlerseele hervor und macht
sie stutzen. Kaum aber ist der junge Maler aufmerksam auf sich geworden, da schickt er alle Sinne auf
die Jagd nach diesen seltsamen Gästen in den Nerven,
Gedanken, den dunklen Gefühlsregungen. Er beobachtet, befühlt, behorcht sich, — er legt sich auf die
Lauer, um hinter die Sache zu kommen, — er grübelt
und sucht nach Bildern für diese unklaren Spiege-
lungen sonderbarer Pein, — er tastet nach Jean Paul,
Hoffmann, den Goncourts, — nach den Künstler-
menschen mit dem starken Seelenleben, ohne Auskunft
zu erhalten. Da beschliesst er, der Sache auf eigene
Faust zu Leibe zu gehen. Aber wie? Denn das Weib
muss aus dem Spiel bleiben, weil er es im Allgemeinen bei seiner mädchenhaften Männlichkeit, die

jugendlichem Genie so gut steht, überhaupt noch nicht kennt und von der Kubanerin im Besonderen bisher nur weiss, dass sie bethörend schön ist und sein leidenschaftliches Begehren herausfordert. Bleibt also Selbstbeobachtung und Analyse in seinem Tagebuch, das im Klingerstil »Kupfertafel« heisst. Und da kommt Etwas zu Stande, das trotz alles Stammelns und mancher Holperigkeit sich neben dem Besten aus dieser Hand um der Theorie willen behaupten darf. Das Geistige ist oft sehr bedeutend; Symbol und Allegorie sind in dieser Gefühlsschaukel Klingerischer Erotik von einer Schärfe, Knappheit und Originalität, dass sie bahnbrechend für die jüngere Griffelkunst - Schule geworden sind.

Blatt I und II schildern den äusseren Vorgang und dessen örtlichen Rahmen. Dort erblickt man den Skating - Ring mit Glashalle und Sonnendach und unter dem Publikum den bärtigen Künstler mit der goldenen Brille, welcher nach der vorüberfahrenden Dame späht. — Hier schwebt sie jetzt in weichem Umriss der Gestalt durch Sonnenschein dem Parkhintergrund zu, während er sich rasch zum Raub des ihr entfallenen sechsknöpfigen Lederhandschuhs bückt; er hat ihn und verschwindet mit ihm ohne Gewissensbisse hinter den Kulissen, — Etwas muss der Mensch doch haben, und er begnügt sich sogar mit einem Handschuh! — Dieser aber wird nun offizielle Person; wie Faust unter dem Mantel Mephistos oder Dante an der Hand des »süssen Vaters« Vergil, beginnen wir unter seiner Führung die Offenbarungswanderung durch

die erotischen Zustände der Künstlerseele; er ist nämlich der Magnet, welcher dem Maler die Nähe der
Geliebten in jedem Augenblick herzaubert. — Nach
langem qualvollen Umherwandern ist der verliebte
Jüngling zu Bett gegangen und kann vor Pein nicht
schlafen. Er hockt im Bett (III), auf dessen Decke
der Handschuh ruht. Im Halbtraum verschwinden die
Zimmerwände; ein schlanker Orangenbaum erhebt sich
neben dem Lager; eine Landschaft weitet sich mit
Berghintergrund und Fluss, an dessen Ufer die Dame
in winziger Verkleinerung drunten wandelt. — Das
Unsichere der Beziehung stellt sich mahnend der
Sehnsucht entgegen und findet seinen Traumreflex in
einem Segelboot auf stürmischem Meer; der Steuerer
greift von dort aus angstvoll mit seinem Haken nach
dem versinkenden Handschuh (IV). — Da erhebt sich
tröstend die selbstvergessene Künstlerandacht über die
Pein: lass fahren das Glück, verherrliche das Weib
im Besten, das du schaffen kannst und bete es an mit
allen Gedanken unter dem Bild aus deiner Hand! Auf
dem wunderschönen antikisierenden Blatt V ziehen
reizende Seepferdchen den Handschuh in grosser
Muschel über heraldisch stilisierte Meerwellen. — Sie
ziehen ihn zu feierlichem Opfer (VI), das er auf einem
Riff zwischen Kandelabern ruhend als ein Heer von
Rosen auf den heranrollenden Wogenkämmen empfängt.
Wie fein, zart und feierlich sind diese beiden Huldi-
gungen erdacht und empfunden! — — Aber die
überreizte Natur erwehrt sich immer wieder des
seelischen Trostes; der Mondschein fällt ins Zimmer;

das Hirn ist überhitzt und verursacht ein Alpdrücken, unter dem Meerwellen mit tosenden Geistern gegen das Bett des Geängstigten fluten und riesige Handschuhe sich drohend aufblähen (VII). — Eine stumpfe Ruhe löst jetzt den Aufruhr mit endlosen Wiederholungen derselben banalen Bilder ab; ein Zimmerchen mit Handschuhwänden, in dem der eigentliche Sünder auf reizendem Tischchen liegt, malt diese Eintönigkeit, in welche schon wieder Bangigkeit durch ein Ungetüm hineingetragen wird; denn es schnobert unter dem einen Handschuh nach der duftigen Liebesbeute auf dem Parkettboden (VIII). — Dieses Ungetüm aber ist eigentlich der plumpe Gauch, der dies Kleinod von Weib nach dem schnöden Lauf der Welt heimführen wird, weil er den metallischen nervus rerum und Stellung in die Wagschale werfen kann. Da zieht er schon los: halb Krokodil, halb Fledermaus fliegt er pfeilschnell mit dem Handschuh im Maul über den Tulpenbaum im nächtlichen Garten, während ihn durch die zerbrochenen Fensterscheiben hindurch ein verzweifelt ausgestrecktes Händepaar vergeblich zu packen sucht (IX). — Da wacht der Träumer auf und reibt sich die Augen; der Schlaf hat seine Jugend trotz aller Peingesichte erquickt; eine stille und frohe Zuversicht kommt über ihn. Der weiche, grosse Handschuh auf dem Nachttisch unter dem Rosenbusch, — der libellengeflügelte Cupido daneben, welcher schalkhaft zum Erwachenden herüberlächelt, malen das Glücksgefühl junger Liebe. Er liebt das Weib, — das Andere wird sich schon machen!

Und dies ist das zarte Gedicht von Klingers erster
Liebe; eine köstliche Jugend äussert sich in ihm, deren
Frische manchen barocken Zug verschwinden macht;
hinter den geistreichen Ideen und Allegorieen schlummert
als hinter einer genialen Übersetzung die Natur in
jenen Zuständen der ersten Körperreife, welcher jedes
sensible Naturell aus eigenen Erlebnissen sich sogleich
erinnert; der Künstler selbst aber ist im Tonfall dieser
Linien und Umrisse zum Dichter und Pfadfinder neuer
Seelenkunst geworden. —

Diese Kraft echter junger Liebe wirkt nun auch
weiterhin Wunder; sie lässt die unreifen Schalen über
Nacht abfallen und bringt alles Gute und Anmutige in
diesem frischen Organismus zum Entfalten. Lachende
Maiensonne geht über der jungen Seele auf, — ein
Blühen und Reifen hebt im Handumdrehen an, dass
man erstaunt fragt: »Woher?«, wenn man die Geschichte des Handschuhs nicht kennt. Darstellungs-
gabe und Radiertechnik erheben sich nun mit einem
Ruck zu einer Höhe, welche nicht zu erwarten war,
— durch den Seherblick der Phantasie entstehen einige
der schönsten Landschaften, die in neuerer Zeit überhaupt geschaffen sind, — in geistreich aufgefassten
Figuren und Vorgängen äussert sich ein feiner, welt-
überlegener Geist, ein geflügelter Spott, ein lachender
Humor und dazu so reine als warme Daseinsfreude.
Eine olympische Heiterkeit im Ganzen schwebt als
genius loci über dem neuen Werk, wie sie nie
wieder ganz so sonnig und maienfroh bei Klinger
vorkommt.

Dieses neue Werk sind die »Rettungen ovidischer Opfer« (1878 entworfen und radiert), in denen
der ebenso tief als vielseitig gebildete Künstler mit
dem lachenden Übermut eines Alkibiades und dem
Spott des Aristophanes über den zaghaften lateinischen
Poeten Ovid herfällt, dessen erschütternde Talentlosig-
keit beim Ehestiften seine Pärchen nie zusammen-
kriegte, vielmehr die Sache immer in letzter Stunde
verfuhr. Die ganze Blüte attischen Salzes in der Zeit
des Perikles scheint versammelt, um den plumpen
Lateiner anzuzapfen, — was um so drolliger wirkt, als
ein grosser Aufwand an feierlichen Stufungen, Vorge-
sängen, Zwischenspielen dem dionysischen Thema
einen apollinischen Künstlerernst giebt.

Wie einzig schon in ihrem schönheitseligen Ernst
ist im Titelblatt I die jonische Waldseelandschaft mit
Tempel, Berg und Meer im Hintergrund empfunden,
— wie treu ist sie im Baumschlag und in der friedlichen Poesie des Orts erschaut! Die Aphrodite von
Melos auf der Herme in der Rahmenmitte, — die Be-
lauschung im Bade mit ihren winzigen Figürchen geben
diesem Anschlag die bestimmten Leitmotive: wir sind
an Ort und Stelle und mögen dem schalkhaften Vor-
leser aus den »Verwandlungen« des alten Nasen-
abkömmlings mit fröhlicher Lust folgen. — Er setzt sich
bereit und räuspert sich; der Zeichentisch mit Griffel,
Papier, brennenden und schwelenden Kerzen fesselt
unsere Aufmerksamkeit, denn zwei Hände liegen ge-
faltet darauf und erflehen Eingebung wie Verzeihung
vom Poeten, dessen Büste sich riesig aus dem Kerzen-

Pyramus und Thisbe I.   Aus: Rettungen ovidischer Opfer.

(Verlag von Amsler & Ruthardt.)

rauch erhebt (II). — Die Tragikomödie von »Pyramus
und Thisbe« beginnt in zwei reizenden Umrissblättern
mit ebenso frischen Rahmenzeichnungen (III, IV). Mit
vielem Humor sind die durch die Wandritze flüstern-
den Liebenden geschildert, hinter denen die Eltern-
paare je eine eindringliche Moralpauke loslassen. Die
Fruchtlosigkeit derselben ergiebt sich mit verblüffen-
der Einfachheit der Darstellung aus dem zweiten Blatt
mit demselben Vorwurf, der nur die Figuren der
Eltern halb durchgeschnitten mit Füssen und mimen-
den Händen zeigt; die Verliebten hören also nicht
darauf. Die Strafe folgt sogleich. — Am mondhellen
Grabmal erscheint der harrenden Thisbe zunächst der
Nachtwächter und scheint geneigt, den Ersatzmann zu
spielen (V). — Welche Sachlage Pyramus beim Er-
scheinen sehr übelnimmt, denn wie zwei Kapitalhirsche
gehen jetzt die Nebenbuhler mit vorsichtig umgekehr-
ten Lanzen aufeinander los, um vor den Augen der
Thisbe eine fröhliche Holzerei zu beginnen. Die
Dame hingegen hat augenscheinlich die Weltweis-
heit gelassenen Zeiterwartens begriffen; ein Mann
fällt bei dem Handel auf alle Fälle für sie ab und
schliesslich ist auch der Nachtrat mit seinen vertrauen-
erweckenden Jahren ein Mann von Amt und Würde
und sicherem Auskommen (VI). In der That bleibt
dieser Sieger, — denn auf dem Schlussblatt liegt der
solide durchgewalkte Pyramus im Bett und ist den
mütterlichen Orakeln wehrlos preisgegeben, während
sich zwei Sklaven in der Thür lachend den Rücken
von der anstrengenden Knetbehandlung her reiben (VII).

— — Ein graziöser Elf schaukelt sich auf dem ersten
»Intermezzo« mitten im Weltraum, — und dann beginnt die teilweise im Rahmen weiter ausgeführte Geschichte von »Narziss und Echo«. Von dem drei-
teiligen Entwurf hat Klinger in der Radierung nur den
einen Flügel mit den Schilfhalmen behalten und den
anderen fortgelassen. Ohnehin ist das meisterliche
Mittelstück die Hauptsache. In idealer griechischer
Bergwaldlandschaft erblickt man am jenseitigen Bach-
ufer in der naiven Weise der alten Meister das Liebes-
paar in drei Stufen der Bekanntschaft. Links lernen
sie einander kennen, — rechts küssen sie sich bereits, —
was zwei diesseits des Bachs beim Wein unter einer Baum-
gruppe sitzende und schon erfahrene Faune ihren witzeln-
den Geberden nach sehr spasshaft finden. — — Auf dem
zweiten »Intermezzo« ist ein egyptischer Malersmann
gerade in dem Augenblick abgebildet, in welchem er
am Nilstrand einige steifbeinige Marabouts in Bezug
auf ihre Grössenverhältnisse visiert. — Und jetzt ent-
rollt sich zum Schluss das scherzhafte Minnespiel
zwischen dem Saitenschläger Apollo und der reizenden
Königstochter Daphne, welche — wiederum in der
herrlichsten Landschaft mit schattigen Baumgruppen,
sammetweichem Gras und rieselnden Quellen — die
väterlichen Rinderheerden hütet. Bildnisähnlich, als
wäre er eben von seinem Sockel im Vatikan herunter-
gestiegen, kommt der schöne Apollo vom Belvedère
hier angeschlichen, drückt dabei wie ein Panther den
Kopf nach vorn und »klappert« vor Verliebtheit mit
den Augen. Ein Abenteuer winkt als Abwechslung

gegen das ewige Angegafftwerden von bädekerbewaff-
neten Forestieri. Die Prinzessin jedoch sitzt spröde in
ihrer üppigen Schönheit da und hält den grossen Hirten-
stab mit dem Lilienstengel darauf im Arm. — Nun
ändert sich die Sachlage; der fremde Herr ist dreist
geworden; die Dame flüchtet sich hinter den Stier ihrer
Heerde, dessen Hörner der liebestolle Gott packt, um
die Holde mit schnellem Sprung zu erhaschen. —
Aber o weh! — zu kurz sprang der Töne schwung-
voller Meister und wird jäh vom Stier, den er wütend
mit den Fäusten bearbeitet, davongetragen, während
Daphne enttäuscht nachblickt und ihre Sprödigkeit tief
bereut. — Mit geistvollem Witz klingt schliesslich der
burleske Humor dieser graziösen Blätter aus: der
griffelbewehrte Ovid hat den mit riesiger Radiernadel
bewaffneten Künstler am Ufer des Styx zur Rede ob
seiner Lästerungen gestellt; der alte Charon guckt
dabei dem Ereignis von seinem Boot her gleich-
mütig zu. —
Sorglos, sonnig, voll übermütigen Witzes steht
dieses Radierwerk wie eine lachende Oase mit seiner
unvergleichlichen Grazie und Anmut, seiner Frühmeister-
lichkeit mitten im Klingerischen. Er hat erst 1888
Italien und 1894 Griechenland kennen gelernt und doch
das Wesen des Hellenischen erstaunlich gut in diesen
Landschaften mit ihrem Linienrhythmus, dem Raum,
dem plastischen Baumschlag, der Stimmung, und in
diesen Figuren getroffen. Auffällig ist die Beobachtungsgabe und das organische Lebensgefühl dabei; der
Künstler, der vor Paris das Meiste aus dem Kopf ge-

macht hat, vergreift sich nicht oft in der Form. In
der Radierung aber beherrscht er Nadelführung und
Aquatinta mit freier Sicherheit und Ausdrucksfülle;
kaum vermag man in dem jungen Meister hier den
genialen Lehrling von gestern zu erkennen. — Von
bedeutender Wichtigkeit schliesslich ist hierin auch das
Entwicklungssystem; in den »Rettungen« erscheint es
zuerst als bewusst angewendet und so vollkommen,
wie erst später wieder in der »Brahms-Phantasie«. Ein
Vorspiel mit dem Stimmungsmotiv, — ein persönliches
zweites, — gliedernde »Intermezzi« zwischen den Teilen,
— ein stilrichtiger Ausklang; im Verlauf der Vorgänge
ein wohlerwogenes Auf- und Niedersteigen; um die
meisten Blätter sind Rahmen mit geschmackvoller Or-
namentik in ganz frischen Formen, welche bei den
Hauptvorwürfen in der Predelle und Kopfleisten meist
noch Umrissdarstellungen allegorischer Art von genialer
Erfindung und graziösem Chique erhalten; das Haupt-
thema wird hier episodisch ergänzt, ausgedeutet, humoristisch begleitet, auch wohl antithetisch behandelt,
— was im Zusammenwirken den ungemeinen Reiz
dieser Jugendwerke ausmacht. — Und da liegt der
Grundbau von Klingers Griffelkunstsystem zu Tage.
Malerisch ist das so wenig als litterarisch; es beruht
auf dem musikalischen Satz, der ihm vorschwebt,
weil er, um es dürerisch zu sagen, inwendig voller
Töne in jedem Augenblick ist. — So grosse Wandlungen
auch der Klinger-Stil bei seinem steten Änderungsdrang
erlebt, — — diese Eigentümlichkeit seines Stils ist mehr
oder minder sichtbar überall bei ihm vorhanden. — —

Neben dem Wachsen dieser Cyklen fliesst ge-
sondert ein unversieglicher Strom von Augenblicks-
einfällen und erschauten Einzelbildern, wie sie in den
Zeichnungen z. B. festgehalten sind und oft die erste
Fassung späterer Radierungen ergeben; ein rücksichts-
loser Arbeitsdrang mag sich im Hervorbringen dieser
Dinge nie genug zu thun, — sie entstehen und versinken in der Mappe, — gelegentlich tauchen sie auch
wohl nach Laune wieder zum Tageslicht, finden Gnade
und werden in die Kupferplatte als in einen sicheren
Gewahrsam gesperrt. So ist es einem Teil der Blätter
von 1879 ergangen, die bis 1881 in Radierung ausgeführt und dann als »Intermezzi« herausgegeben sind.
Wie der Name besagt, sind es »Zwischenspiele«, —
leichte Einfälle, von denen Einige lose miteinander
sich verknüpfen, während Andere für sich allein bestehen, — geistvolle, graziöse und naturfrische, gut gemachte Niederschläge aus Eindrücken von Welt, Dichtung und Kunst.

»Bär und Elfe« haben als Einleitung hierfür die
Auferstehung aus den Schränken der Nationalgallerie
erlebt. Behend sitzt die zierliche Elfin auf schlanker
Bambusspitze und kitzelt den ihr erfolglos nachge-
kletterten verliebten Trottel mit einem Rohr auf die
Nase. Das ist so drollig als es fein und schwungvoll
gezeichnet ist. — Vier Kentaurenblätter bilden mit
Thema wie gemeinsamer weicher Linienflüssigkeit eine
Gruppe, in der die verfolgenden Reiter im hohen
Grase, der Zweikampf, der nächtliche Wasserfall,
der Bergsturz mit einer davongaloppierenden Familie

Verfolgter Kentaur.   Aus: Intermezzi.

(Verlag von Th. Stroefer.)

Apollo und Daphne II.   Aus: Rettungen ovidischer Opfer.

(Verlag von Amsler & Ruthardt.)

einander folgen. — Das aber hat sich der derbe alte
Grimmelshausen auch schwerlich träumen lassen, dass
etliche hundert Jährchen nach seinem abenteuerlichen
Erdengang ein künstlerischer Kraftmensch sich lange
Zeit hindurch an den anspruchslosen Fabeleien seines
»Simplicissimus« so herzhaft ergötzen würde, bis die
Hand eines Tags willenlos nach dem Griffel haschte,
um ein paar Kraftstellen damit aufzureissen. Und die
bilden den Inhalt der »Simpliciusgruppe« von vier
Blättern, welche in ihrem thaufrischen Naturgefühl
durch eine neue, Menzels und Schwinds würdige Stil-
und Stimmungsgebung gezügelt sind. Satte Kraft und
sichere Kunst offenbaren namentlich die zwei ersten.
Dort wird vor der Hütte am dicht umwaldeten Berg-
kesselsee dem zottigen jungen Simplicius vom krummen
alten Einsiedler das Lesen beigebracht, — hier, wo die
formlose Ursprünglichkeit von Ort und Mensch durch
grösser gezogene Linien feierlich gestimmt ist, kniet
der arme Junge betend am Grabe des Erziehers. Wie
herzhaft, gross und mächtig ist der Künstlerhand dies
herausgekommen! — Der düstere »Überfall im Walde«,
dessen Zeuge Simplicius auf seiner abermals heimat-
losen Wanderung wird, leitet zu jener anmutigen Fels-
wildnis, in welcher der Findling vor einem riesigen Felsblock sitzt und ihn emsig mit Schriftzeichen bedeckt.
— Noch kommt ein »gefallener Reiter« und dann
stehen wir kopfschüttelnd vor dem merkwürdigen Ge-
dankenrätsel: »Amor, Tod und Jenseits«. Als fideles
Kerlchen reitet Jener auf geflügeltem Rad höchst zeit-
gemäss in eine abendliche Landschaft hinein, während

Simplicius am Grabe.   Aus: Intermezzi.
(Verlag von Th. Stroefer.)

dicht dahinter der Tod als bärtiger Magermann auf
einem Sarg mit galoppierenden Holzfüssen sitzt. Hinter
den Kameraden jedoch rast das Sonderbare, das Jenseits heran: eine verhüllte Gestalt auf einem Ungetüm
mit Stier- oder Widderkopf; Gänsekiele schwirren um
den Kopf des visionären Reiters, ein Tintenfass schwenkt
ihm zur Seite, verzerrte Köpfe sind in den Gewand-
falten angedeutet, gespreizte Menschenhände darunter
scheinen das Schweben hervorzurufen. Was hinterher
kommt, weiss man ja trotz allen Gezänks der Theoretiker
und trotz aller verschriebenen Tinte nicht. —

In diesen »Intermezzi« hat sich ein feiner Umschwung sichtbar vollzogen; ausser beim Schlussblatt
ist der nervöse und unruhige Stil heraus, — eine wohl-
thätige Ruhe schwebt über den Gebilden, — die teil-
weis ein wenig später fallende Radiertechnik ist mehr-
mals von hoher Vollendung und von einer schlagenden
Fülle und Kraft des Ausdrucks. — Man kann hier
zuerst genau sehen, was Klinger als Radiertechniker
will und was er davon bis jetzt erreicht hat.

Klingers unvergängliches Verdienst wird unter
vielem Anderen bleiben, dass er mitten im tiefsten
Verfall der Stecherei mit völliger Unbefangenheit das
Wesen der graphischen Kunst als formales Mittel für
einen geistigen Ausdruck wieder erkannte. So war
es in den ersten wie den besten Zeiten von Holz-
schnitt, Kupferstich, Radierung, — bei Dürer, Holbein,
Rembrandt, — immer gewesen. Umriss, Licht und
Schatten waren die malerischen Mittel dieser Künstler
in ihren einfarbigen Werken; sie arbeiteten mit sym-

4*

bolischen Bildern und flohen eine Nachahmung der
vollen Wirklichkeit. Ein Kreis mit einigen Radien z. B.
genügt diesem echten Griffelkunststil, um die Vorstellung
der Sonne zu erwecken, — wenn bei Rembrandt Weiss
mit Schwarz scharf zusammenstösst, weiss jeder Gebildete, dass die Sonne auf einen festen Körper von
einer Seite her fällt. In der höchsten und reichsten
Ausbildung der Technik bei den besten Meistern ist
dieser symbolische Charakter festgehalten. Goya z. B.,
dem Klinger viel verdankt, hat ihn, — Hogarth, der
gestochene Wirklichkeit geben will, nicht mehr. —
Dieser natürliche Charakter verliert sich sogleich, seitdem mit Markanton, den Rubensstechern, den englischen,
französischen und deutschen Stechern die Graphik auf
die Rolle der heutigen Photographie zustrebt, indem
sie die Wirklichkeit der Erscheinungen oder ein fremdes Kunstwerk in einem einfarbigen Bild wiedergeben
will. Die geistreiche Künstlerin Graphik sinkt zur
Magd, — sie verwildert, — sie artet schliesslich in
solche technischen Unnatürlichkeiten aus, als in der
Holzschneidekunst z. B. der immer noch ausgeübte
Tonschnitt ist. — Als Klinger Mitte der siebziger Jahre
auftrat, war ringsum tiefster Verfall in der Stecherei;
ihm geht der Grundcharakter der Kupfertafeltechnik sogleich auf, weil seine ganze Anschauungsweise ihm schon
vorher parallel war; seine durstigen Sinne, sein saftiger
Organismus verlangen dazu nach Leben und Ausdrucksfülle; im Zeitraum von kaum vier Jahren bis zu
den »Intermezzi« schafft er durch die Ausbildung der
reinen Radierung und einer geistreichen Verbindung

mit der Aquatintamanier, wie er es Goya abgeguckt, eine unvergleichliche Technik, die an malerischem Ausdruck allem Damaligen sogleich überlegen ist; aber sein Stilgefühl hielt ihn von jedem Missbrauch zurück. So nah er durch die Vollendung seiner Darstellung oft der Natur kommt, vergisst er den symbolischen Charakter der Technik fast nie. Und dies Radiersystem steht in den »Intermezzi« zuerst wie späterhin noch in den »Dramen« und in »Eine Liebe« auf der Höhe. — Dieser Umschwung zu einem ersten Ruhepunkt hängt mit einem äusseren Ereignis zusammen. Ein Wirbelwind hatte den Künstler 1879 nach Brüssel geführt, wo er den »Handschuh« drucken liess und herausgab. Er bleibt nicht ohne Eindruck dort vom Museum Wiertz mit dem Lebenswerk eines verwandten Vorläufers, — er liess auch sonst die erste grosse ausländische Stadt, die er betrat, schicksalgebend auf sich wirken. Entstehen doch auch jetzt schon einige der Entwürfe zum späteren monumentalen Hymnus von »Eine Liebe«, welche die letzte geistige Spätfrucht vom Erlebnis des Berliner Skating-Rings werden sollte. Aber jetzt greift auch das Verhängnis schwer ein und wirft den lang aufgeschossenen, durch ständige Überarbeitung im Wachstum gehemmten Jüngling auf ein schweres Krankenlager; eine bedenkliche Wendung tritt ein; die treue Mutter eilt nach Brüssel und holt den Sohn nach Leipzig heim, sobald nur eine Reise möglich ist. Zu Hause sinkt er auf ein langes und schweres Siechenlager. Das wird zur Wohlthat für ihn; der dämonische Arbeitsdrang muss eine Pause machen;

die Phantasie kommt in der erzwungenen Ruhe von ihrem hastigen Erfinden los; die Nerven werden ruhiger und die Gedanken gewöhnen sich an ein gelassenes Durcharbeiten von Vorstellungsreihen. — Ein gewisser Zwang dazu wird jetzt auch von aussen her durch einen Auftrag gegeben. Noch während eines bedenklichen Zustandes des Kranken tritt der bekannte Kunstverleger Stroefer an dessen Lager mit der Bitte, ihm eine neue Übersetzung vom reizenden Märchen: »Amor und Psyche« im »Goldenen Esel« des Apulejus im weiten Umfang eines Prachtwerks zu illustrieren. Nun hat Klinger beim Stillliegen, da der Arzt jede Arbeit streng verboten hat, Anlass zum Ausdenken von Vorwürfen im Rahmen dieser Dichtung, — was ihm gut thut; es trägt zur Besänftigung seines unruhigen Bluts viel bei. — Nach der endlichen Genesung wird Klinger zu längerer Kur nach Karlsbad geschickt. »Nicht arbeiten!« sagt der Arzt ernst beim letzten Besuch. Die mit Recht gegen den Sohn, der für das Nichtsthun talentlos ist, misstrauische Mama Klinger setzt sich nunmehr mit der Karlsbader Wirtin in Verbindung und erhält eine sehr zufriedenstellende Antwort: Max geht morgens weg, bummelt den ganzen Tag im Freien herum und kommt mit der Dunkelheit heim; er thut abends jedoch keinen Strich mehr. Wie er hernach gesundet und erfrischt zurückkehrte, fiel nur die dicke Mappe mit gar so vielen bedeckten Blättern auf. Nach und nach kam es denn auch zu Tage, wie der sophistische Schlingel Mama und Wirtin überlistet hatte. Im Wald war er richtig tagsüber gewesen, aber in einem Versteck hatte

er die ganze, Zeit über gesessen und Leben und Gesundheit aufs Spiel gesetzt, um seinem Schaffenstrieb
zu fröhnen. —

*   *   *

Die strenge Enthaltsamkeit eines fanatischen Mönchs
im selbstvergessenen Tempeldienst der Kunst ist charakteristisch für Klinger. Ein Mucker war er nie; er
versteht die Freuden des Daseins geistreich zu geniessen,
ohne sich gerade viel daraus zu machen; aber der
Arbeit gehört Alles ausser diesen kurzen Augenblicken,
und er arbeitet mit jeder Fiber, indessen er innerlich
wie äusserlich mit siebenfachen Riegeln gegen die Welt
abgeschlossen ist. Er vergisst dann Alles; alle Sinne
sind unempfänglich für Fremdes; alle Kraft ist auf Aus-
klärung der Träume gerichtet, mit denen ihn diese
Stille und Abgeschiedenheit beschenkt. Nicht umsonst
ist eine so weite Welt von Schönheit in seinem Ge-
samtwerk und die Anmut z. B. in seinem Hellenismus,
den ein Athener in der Ruhe seines Landhauses am
Ilissos geformt haben könnte, so rein.

Diese Selbstzucht hat Klinger überall und bis heute
eisern durchgeführt. Bezeichnend ist, wie er damals
auf ein Halbjahr 1880 nach München übersiedelt, —
keine der Gallerieen oder Werkstätten besucht, — kaum
in die Umgegend kommt, sondern tagaus tagein im
Zimmer bei der Arbeit sitzt, die ihm Heimat, Glück,
Liebe, — die ihm Alles ist. Und jetzt entsteht in dem
heiteren und sinnenfrohen Stil der »Rettungen«, nur sorg-
fältiger ausgefeilt und »historischer« sozusagen das Illustrationswerk von » Amor und Psyche«, in dem die

Venus im Bade. Aus: Amor und Psyche.
(Verlag von Th. Stroefer.)

erdenferne Stille der Märchenwelt von keinem Laut
modernen Zweifels unterbrochen ist. Eine Augenweide,
wo man das Buch aufschlägt. Eine grosse Fülle geschmackvoller Rahmen, deren Typen in Folgen wieder-
kehren, — eine grössere an Vignetten, reizenden Bildchen am Seitenkopf oder der Basis; dazu eine reiche
Anzahl radierter und steingezeichneter Vollbilder, von
denen die grossäugige Psyche am Uferriff, die drei
Schwestern in der Säulenhalle, Jupiter und Venus,
Jupiter und Amor, Psyche unter einem Maulbeerbaum
die schönsten sind. Das sprudelt und strömt schier
mühelos und unerschöpflich an frischen Einfällen,
graziösen Wendungen und kunstschönen Formen, dass
man es getrost mit Dürers Gebetbuch des Kaisers
Maximilian und Menzels siebenjährigem Krieg ver-
gleichen darf. — Freilich ist es, — für meinen Ge-

schmack wenigstens, — kein ganz »echter« Klinger,
weil die Marke eigenen Poetentums fehlt. Aber gerade
die gedämpfte Eigenart wird vielleicht »Amor und
Psyche« zum volkstümlichsten Klingerwerk machen. —
Hier schliesst sich jetzt der Ring von Klingers
erster und sonniger Jugendhälfte. Er wandelt träumend
durch den »Goldenen Esel« des Apulejus wie über
eine goldene Brücke. Da er sich drüben umschaut,
versinkt vor seinem Auge unter geisterhaften Saiten-
stimmen die Welt, die bisher die seine war. Zu ihm
aber treten Gestalten, die in langen und beredsamen
Dämmerstunden des Siechenlagers bei ihm gewesen
sind, die Hand auf seine Stirn legten und ihm leise
erzählten, wie ernst, gross und gewaltig das Leben in
seinen Grundproblemen sei und wie gedankenlos die
Meisten daran vorübergingen. In Kurzem sind die
schönheitsfrohen Linienspiele der Jahre zuvor vergessen, — an die Stelle des geistreich-graziösen
Tausendkünstlers, der nur manchmal ernste und bittere
Stunden erlebte, tritt ein reifender Mann von —
23 Jahren und enthüllt Schritt für Schritt eine philo-
sophische Anschauung von der Welt.

Schon das Capriccio: »Eva und die Zukunft«
(1880 entworfen und radiert) trägt dies neue Zeichen.
Das verlorene Paradies als Tragödie des Weibes ist
der Gegenstand dieses zweiten Cyklus von der Frau,
der eine Stufe höher als der »Handschuh« das »Weib
an sich« in seinem Geschlechtsverhängnis behandelt.
Charakteristisch für diesen Cyklus ist, dass seinen drei
Blättern unter dem Namen »Zukunft« je ein symbolisch-

allegorisches Bild von der gesetzmässigen Folgerung aus dem betreffenden Akt des Paradiesdramas beigegeben ist. — Auf dem malerischen Blatt I sieht man hier inmitten üppigen Blumen- und Graswuchses am Waldbachufer ein schönes junges Weib während brütender Mittagsstille hocken, indessen Adam im Baumschatten drüben schläft. Sie träumt mit grossen Augen vor sich hin . . . jenen seltsam-unklaren Phantasieen nach, die ihr soeben unter beklommenen Empfindungen aufgetaucht sind. — In der »ersten Zukunft« auf Blatt II ist dieses geheimnisvolle Drängen als unzähmbarer Naturtrieb in einem riesigen Tiger verbildlicht, welcher aufrecht in engem Felspass sitzt. — Auf der dritten Radierung ist dem Weib dies Verlangen bewusst geworden. Üppig und reif, von langem Haar umwallt, schön und stark steht Eva in einer Wasserlandschaft unter dem Apfelbaum, dessen Frucht sie in der erhobenen Rechten hält, und schaut mit kokettem Blick in einen hufeisenförmigen Spiegel; die wispernde, etwas verunglückte Schlange hält ihn mit ihren Eidechsenfüssen dem Weib vor. Ein wie feiner Gedanke liegt in dieser Auffassung von der Verführung und der Selbstbetörung durch die Schönheit! — Seltsamer Art ist die hierher gehörige »zweite Zukunft« (IV): ein hässlich-hämischer Kerl mit Borstenhaar und Fledermausohren hockt auf einem ruhig über das nächtige Meer dahingleitenden Delphin und prüft mit seinen Krallenfingern die Widerhaken einer Harpune. Enttäuschung und Qual des Unbefriedigtseins und das peinigende Gewissen soll wohl diese Teufelsfratze ver-

Eva I. Aus: Eva und die Zukunft.

(Verlag von Amsler & Ruthardt.)

bildlichen. — Jetzt ist der Höhepunkt des Dramas mit
dem Sündenfall überschritten, denn auf dem nächsten
und vorletzten Blatt (V) trägt Adam schon sein bewusst-
loses Weib mit starkem Arm aus dem felsenum-
schlossenen Paradies in die steinige Öde hinaus. —
Und nun nimmt das grosse Gesetz von Werden und
Vergehen seinen Lauf. Auf der »dritten Zukunft« (VI)
sieht man den »Tod als Pflasterer« mit geringer
Änderung gegenüber der Nationalgallerie-Zeichnung im
Bergpass verzweifelte Menschenköpfe einrammen,
während er zu der gebietenden Hand über dem Holz-
zaun hinübergrinst. —

Laune und Auftrag lassen in diesen Jahren neben
den Hauptwerken allerlei Platten lustig entstehen, als
sollte ein Nachweis geführt werden, wie fest der
Künstler in jedem Sattel sitzt. Thema und Stilweise
sind so verschieden als nur möglich und Einiges ist
radiererisch vom schwersten Kaliber. — Reizende »Ex-
libris« für seinen Bruder u. A. mit ihrer Grazie, Erfindung und ihrem feinen Witz, welche der bekannte
Kenner und Inhaber der grössten Sammlung dieser
Art, Graf Leiningen-Westerburg in München, vollzählig
besitzt und litterarisch bekannt gemacht hat, entstehen
neben der hübschen »Festschrift für das Kunst-
gewerbemuseum« (1881) und dem sinnvollen Titel-
stück für einen Gurlitt'schen Ausstellungskatalog:
»Phantasie und Künstlerkind« (1882). — Ein
einziges Mal versucht sich Klinger auch als Original-
radierer von Naturvorwürfen 1880 in den wuchtigen
»Vier Landschaften« mit bedeutender Lösung von

Licht, Luft und Raum; das nächtliche Dorf an der
Flussbrücke scheint mir mit der intimen Stimmung
das Meisterwerk darunter zu sein. Noch bedeutender
und an düsterer Grossartigkeit dem Original überlegen
ist die »Burg am Meer« (1881), welche als erste
Kopie-Radierung Klingers Ruf als besten Böcklindeuter
begründete. — Von origineller Auffassung ist das
»Ehrendiplom des Vereins deutscher Spiritus-
fabrikanten für Prof. Dr. Maercker« (1882), —
ein Meisterwerk auf diesem Gebiet, — das freilich von
dem in seiner epigrammatischen Form geradezu klassischen »Menzelfestblatt« von 1884 noch übertroffen
wird. Hat doch der Künstler sein realistisches Glaubens-
bekenntnis und die Begeisterung für Menzel in diesen
Jahren des zweiten Berliner Aufenthalts von 1880—83
hier in schlichter Grossartigkeit ausgesprochen, indem
er einen riesigen Felsblock mit der Inschrift: »Menzel«
von zwei starken Händen aus Wolken auf die zusammen-
sinkenden Rücken antiker Meeresmenschen senken
lässt! — — Gerade in dieser Zeit mit dem Blühen
des Münchner, Berliner und Düsseldorfer Realismus in
Defregger, Knaus, Vautier, Gebhardt und dem stillen
Heranreifen neuer Wirklichkeitsprobleme bei Leibl,
Uhde u. A. löste sich ja Menzels Gestalt mehr und
mehr als einer der Kernpunkte des Jahrhunderts aus
dem bunten Tagestreiben heraus . . . Klinger erkannte
mit seinen unfehlbaren Instinkten als einer der Ersten
die weite Bedeutung des Meisters, wie er andererseits
auch Böcklin vom ersten Augenblick ab richtig beurteilt
hat. Und Menzel wie Böcklin waren seine wärmsten

Freunde und Verehrer von Anbeginn und sind es bis
heute geblieben . . . .

Das Menzelblatt ist das Motto für die zweite Hälfte
des Jugendwerks bis 1883 geworden. — Die Künstler-
physiognomie hat binnen Kurzem ihre Züge völlig geändert, — der erwachende Mann im Eva-Cyklus ist
plötzlich ein reifer, — sich selbst mächtig empfindende
Kraft fasst herzhaft die Erscheinungen der Welt, die
der Träumer bisher übersehen, ins Auge, — Farbe
und Form der Wirklichkeit spiegeln sich ungebrochen
mit einem Male auf seiner Netzhaut, — Klingers Eigen
wird die Menzelsche Poesie der Wirklichkeit, — ein
mutiger und starker Geist aber beginnt sich mit den
Daseinsproblemen und Erscheinungsgesetzen selbstständig zu beschäftigen und mit kühnen Griffen zu
gestalten, was ihm, dem stillen Beobachter, als das
Grausamste in der Daseinstragik und den Kultur-
verbrechen erscheint. Das sittliche Bewusstsein der
grossen Geister und die Seelenkämpfe eines Ibsen und
Tolstoi stehen im Augenblick hinter den kommenden
Werken auf und geben ihnen den leidenschaftlichen
Inhalt, der selbst Missgriffe verschönt und fortab diese
einsame Künstlergestalt auch in der neuen herben Form
so tiefsympathisch macht. — — — Eine so leidens-
volle Düsterkeit um des Menschenschicksals willen hat
dazu mit der gleichen Plötzlichkeit die Künstlerseele
erfasst, dass man ob des Unerwarteten tief erschüttert
ist. Welch' unbekanntes furchtbares Erlebnis, —
welcher schaurige Anblick mag den Anlass gegeben
haben? —

Von den zwei Folgen dieser Periode sind in der Darstellung die »Dramen« (1881—83) die reifste. Die Nachtseiten des Lebens, — die Alltagstrauerspiele der Strasse im Weltstadtgetümmel, — Verhängnisse des Einzelnen und ganzer Stände gaben die Vorwürfe. Düstere Dinge ziehen mit ihnen in grausiger That-sächlichkeit vorüber und überlassen dem Beschauer die eigene Schlussfolgerung. Und nur das löst sich als Künstlerpersönliches aus ihnen heraus: packende Meister-schaft von Darstellung und Radierung sowie eine charakteristische Fähigkeit, jene Leidenschaften, In-stinkte, Triebe und Eindrücke, unter denen der Einzelne wie die Masse willenlos dem Verhängnis zusteuern, als das Hervorstechende herauszulösen. Lebensroman des Einzelnen giebt er nicht eigentlich; er ist kein Charakte-ristiker; seine Menschen sind fast stets Glieder einer Ge-sammtheit und Getriebene von einer unwiderstehlichen Bewegung; sie versinnbildlichen als Statisten eine Rolle, die ihnen aufgezwungen ist. Klinger gleicht hierin Zola und Rops in ihrer Massen- und Menschheitspsychologie, obgleich er sich aus Ersterem nicht viel macht, den Zweiten damals noch nicht kannte und sicher in der Lauterkeit und Keuschheit seiner Kunst turmhoch über Beiden steht.

Die »Dramen« haben zwei ausnahmsweise einmal auf Stein gezeichnete Vorspiele.

Der geflügelte Genius des Dramas lässt sich im Titelblatte auf einer Tempelruine nieder und zieht da-bei den weithin flatternden Sternenmantel von einem Felsen hinweg, auf dem ein Sphinxkopf über Altären mit Menschenopfern und ein Kreuz mit Betern sichtbar werden. Daneben fallen Andere einen Abhang herunter, — was einen Hinweis auf das Menschenschicksal nach dem Hölderlinschen Lied des Hyperion giebt. — Auf dem Widmungsblatt an Gussow danach ist besonders ein Tierpaar mit je zwei, die Temperamente verbildlichenden Menschenköpfen und einem Kochherd daneben, auf dem die Leidenschaftstränke gebraut werden, als Schlussstück hervorzuheben.

In schwungvollem Zeichnungsstil ist auf Blatt I: »In flagranti« zuerst ein Liebesdrama der oberen Welt geschildert. Vom Fenster der mondhellen Villa aus hat der Gatte soeben den Liebhaber der jungen Frau durch einen Schuss getötet; man sieht die Füsse der Leiche hinter der Balustrade hervorragen, während der Körper uns unsichtbar vor der Dame niederfiel, die sich mit tödlichem Entsetzen hinter dem Postament verbarg und die Ohren zuhält, um den nächsten Schuss nicht zu hören. — Ein Drama der Venus vulgivaga in den unteren Schichten schliesst sich an: mit feiner malerischer Behandlung ist auf nächtlicher Gasse in schwerem Seelenkampf ein halbohnmächtiges Mädchen dargestellt, auf welche eine kupplerische Megäre heftig einredet, während Kundschaft in Cylinder und mit glimmender Cigarre voll cynischer Ruhe den Erfolg daneben abwartet (II).

Die von Klinger in ein paar Zeilen schlicht auf den Titel gesetzte Gerichtsverhandlungsnotiz gab den Gegenstand für drei Blätter unter dem Namen: »Eine Mutter« ab, die in der Darstellung zum Besten gehören, was diese Hand hervorgebracht hat. Ein Stück

Gerichtsverhandlung. (»Eine Mutter« III.) Aus: Dramen.

malerisch-schmutzige Hinterhauspoesie von Alt-Berlin
ist die Kulisse für Akt I, in welchem der Trunkenbold

Meissner, Max Klinger.   5

von Gatte durch Nachbarinnen gewaltsam an der üb-
lichen Misshandlung von Frau und Kind gehindert
wird (III). — Akt II bringt die Katastrophe, um welche
der Spreearm an der Schlossbrücke mit dem funkelnden
Wasser, die Ansicht vom Roten Schloss hinten, die
malerischen ehemaligen Glasanbauten an den Hinter-
häusern der Schlossfreiheit, die jetzt dem National-
denkmal gewichen sind, sich mit der friedlichen Schönheit einer meisterlichen Wiedergabe wölben: die in
die Spree mit dem Knaben gesprungene Frau wird auf
der Wassertreppe oben unter Neugierigen, Hilfreichen
u. s. w. ins Leben zurückgerufen, indes der Knabe auf
der letzten Stufe als Leiche zwischen zwei ernsten
Männern liegt (IV). — Der Schlussakt führt uns mit
einem geradezu grossartigen Stimmungsbild, wie es in
der Gegenwart vielleicht nur zwei- oder dreimal noch
geschaffen ward, in den von mächtigen Blendern über
dem Aktentisch erleuchteten Gerichtssaal mit den ernsten
Richtern und dem Freisprechung beantragenden Staats-
anwalt. Stumpf stiert drüben im Halbdunkel neben
dem Gerichtsdiener die verhüllte Frau vor sich hin, —
was nützt das versöhnende Finale?, — dies Leben ist
so oder so endgültig vernichtet (V). — Wieder ein
Berliner Stück mit liebevoller Malerei der Örtlichkeit
an der Jannowitzbrücke und feinem Treffen einer regen-
feuchten Luft über dem kahn- und dampferbedeckten
Wasser umrahmt nun einen »Mord« (VI) auf offener
Strasse, der ein Wirrwarr von Wagen aller Art und
Herbeieilenden hervorruft, während der Schutzmann
mit dem jähzornigen Mörder kämpft. — Dann aber

dies Stimmungsrätsel einer Selbstmord-Tragödie: »Im Walde« (VII). Sonnige Kronen und Lichter rings um den einsamen Weg, an welchem ein Rock und ein Brief darauf liegt. Nicht ein Wort ist noch hinzugefügt, und dennoch wie packend und erschauern machend ist der Inhalt! . . . Ein blasses Dulderangesicht muss irgendwo in der Nähe zu finden sein!

Die Dramenfolge schliesst wiederum mit einem dreiaktigen Teilcyklus der »Berliner Märztage«, welche in dem knappen und wurfsicheren Aufbau den Blättern von einer Mutter und dem Evawerk gleichen. Klinger hat ein starkes dramatisches Talent; er sieht die Kernpunkte einer Handlung sicher, denkt logisch, weiss seine Kraft auf den richtigen Punkt zu richten, — er wäre gewiss ein erfolgreicher Bühnendichter geworden, gehorchte ihm das Wort so blindlings wie die Radiernadel. — In diesem Staatsdrama nun steckt eine prächtige Massenpsychologie, die schon auf der »Hôtelplünderung« in der Gegend der Rossstrassenbrücke mit reizvollen Architekturen, dem Petrikirchturm und Telephondrähten, beginnt, — der Künstler hat hier seelenruhig in einem von geschichtlichen Zweifeln nie belasteten Gewissen in der That diese schöne Erfindung einige 30 Jahre vorausdatiert, weil die Vorlage 1881 es so zeigte! Heranziehende, wartende, erregte Menschen bewegen sich und verkörpern ausgezeichnet das drohende Erwachen von Volksinstinkten. Reden, Schlagworte, jene treibenden unbestimmten Gerüchte, das Suggestive einer drüben beginnenden Plünderung und Zerstörung fühlt man deutlich heraus aus dem Bild als jene unhemm-

baren und unerwarteten Einwirkungen, welche zeitweise
auf Mengen niederer Leute einen so verhängnisvollen
Druck ausüben (VIII). — Man fühlt den gleichen mag-
netischen Bann der Massen auch aus dem nächtlichen
Barrikadenkampf (IX) in der von einer Infanteriesalve
erhellten Klosterstrasse heraus: wahnwitzigen Todesmut
der paar Barrikadenkämpfer unter Toten, Sterbenden,
Verwundeten einer organisierten Truppe gegenüber und
das wilde Entsetzen im verzerrten Gesicht des gegen
eine Anschlagsäule gedrückten Kerls. Die gross-
artige Wildheit eines Goya, die Phantastik eines Wiertz,
der Satanismus eines Rops, werden in diesem düsteren
Blatt lebendig. — Auf dem Schlussblatt (X) sieht man
endlich durch die mondhelle Frühlingsnacht die gefangenen Opfer dieser schauerlichen Hassausbrüche
von Soldaten auf der Landstrasse nach Spandau geführt
werden, womit in tieftrauriger Stimmung der Faden
wirkungsvoll im richtigen Augenblick abgeschnitten
wird. —

   Gross gesehen, mächtig empfunden, kunstvoll gestaltet ziehen in diesen Grossstadtbildern Thatsachen
einer düster gefärbten Weltbetrachtung vor unserem
gebannten Auge vorüber. Keine Phrase, keine Weich-
herzigkeit, kein moralisierender Zusatz mildert die un-
erbittlich harte Wahrheit, — wenn es nicht die Kunstschönheit thut. Ein so fester und selbstbeherrschender
Zug schneidet dabei diese realistischen Gebilde aus
der Weltstadtphysiognomie heraus und setzt sie stumm
zusammen, dass man deutlich einen Ruhepunkt spürt,
wie ihn die »Intermezzi« boten, — aber auch weiss:

es beginnen neue Bahnen. Künstlerischer Realismus
und Thatsachensammeln genügt einem Manne von
dieser Vergangenheit nicht . . . schon etwa gleichzeitig mit den »Dramen« reift ein neues Werk, in
dem der ruhige Beobachter zum kühnen Angreifer und
im Künstler nach leidenschaftlichem Ausbruch der
bauende und Welten schaffende Denker frei wird. —
— — Hier aber wird Klinger wie jeder echte Künstler
noch mehr als vorher und immer mehr, je reicher er
sich auswächst, lediglich der Sichter, Deuter und
Ausleger des Zeitmittelpunkts. Was er schuf, lag in
der Luft. Man erinnere sich des Beginns der achtziger
Jahre. Die grosse Wandlung von Kunst, Litteratur,
socialem und gesellschaftlichem Leben seitdem fing
damals an, sich sichtbar zu regen. Die Werke neuer,
noch unreif gährender Kunst verliessen zuversichtlicher
die Werkstätten, gelangten als Bücher zum Druck, —
die spröde gewesene Presse öffnete ihre Spalten bis-
lang verpönten Ideen. Die französische, neurussische,
bald auch die norwegische Litteratur kamen mit neuen
Gesichtspunkten und Bewertungen für die Gesellschafts-
und Kulturfragen, von denen das Familienleben und
die Frauenfrage durch Ibsen z. B. eine neue Beleuchtung
erhielten. Zweifel tropften überall in das bisherige
satte Behagen. Auf die unteren Schichten, ihr dumpfes
Loos, ihre Gährung, die Gefahr aus diesen Tiefen fielen
grelle Schlaglichter, — das »mauvais genre« unter der
Strassenhöhe und unter den Hinterhausdächern begann
sehr bemerkt und eine »moderne« Frage zu werden. —
Auf seine »Dramen« hatte Klinger 1883, kaum dass

sie beim Drucker getrocknet waren, die kleine goldene
Medaille von Berlin erhalten; drei Jahre früher dürfte
dies noch unmöglich des »Themas« halber gewesen sein.
Durch diese bunte Welt von Kunst- und Kulturfragen, socialen Problemen, Meinungen, Schreien schritt
ein hochbegabter junger Künstler mit äusserer Ruhe,
stiller Beobachtung, Nachdenken eines regen Geistes,
grosser Empfänglichkeit für das in erst halb sichtbaren
Keimen Werdende und die inkommensurablen Stimmungen aller Gährungsprozesse. Er nahm auf, be-
obachtete, verglich, setzte zusammen und nährte seine
Phantasie mit diesen Dingen, die heute als ein Fertiges
vor uns in der Vergangenheit liegen, damals aber un-
messbare Embryonen und Zukunftsmusik waren. Die
Frauenfrage z. B. Er fasste sie in seiner tiefgründigen
Weise an. Eine Offenbarung kam über ihn, die zur
sittlichen Empörung eines leidenschaftlichen und hoch-
gesinnten jungen Gemüts sich steigerte; starke Erregungen kriegen bei Klinger immer bildhafte Gestalt.
Und so wuchs aus Entrüstung und Wahrheitsliebe mit
königlichem Mannesmut jetzt ein merkwürdiges Werk:
»Ein Leben« (1881—84), das zum dritten Male
und auf einer dritten Stufe das Weib behandelt. Jetzt
ist der »Handschuh« längst vergessen und wie ein
ferner Traum liegt in weiter Vergangenheit die ästhe-
tisch-psychologische Wirkung der Weibesschönheit auf
den jugendlichen Künstler, — aber auch die anteillos
betrachtete Geschlechtstragik der »Eva« hat andere
und bestimmtere Züge gekriegt. Jetzt packt er das
Weibesthema dort an, wo die Gesellschaft durch eine

Zeichnung für »Träume«. Aus: Ein Leben.
(Besitz der Kunsthandlung Fritz Gurlitt.)

ihrer verruchtesten Einrichtungen Missbrauch mit der
Geschlechtsschwäche der Frau treibt, um die in socialer
und kultureller Hinsicht notwendige und sittlich höhere
Monogamie zu erhalten: Klinger schildert das typische
Schicksal einer Verlorenen in dieser Folge mit der
Tendenz eines zürnenden Weltverbesserers, aber auch
der ganzen Lauterkeit seiner Sinne, die selbst im
Heikelsten keusch bleiben. — Freilich erlaubt ihm
die Gabe der Allegorie und sein Formenreichtum
dafür überall eine mildernde Übersetzung der Wirklichkeit und ein Vermeiden des Unkünstlerischen.
Nirgends dazu zeigt sich so sehr die Gefügigkeit und
Fähigkeit der Griffelkunst für die Entwicklung eines
grossen Gedankens und mächtiger Empfindungen als
hier, wo in äusserlicher Ungleichartigkeit klare Bilder
mit den verwischten Stimmungen einer musikartigen
Vision seltsam wechseln.

Dass Klinger in diesem an Genie reichen, aber
ungleichartigsten seiner Werke ungeheuer mit dem
Stoff rang, ergiebt sich aus dem häufigen Vorkommen
von Doppelauffassungen einzelner Blätter gerade in
dieser Folge. Seine starke Selbstkritik ruft oftmals
mehrere Platten mit demselben Thema nebeneinander
hervor, — nirgends aber so oft als hier, wo sogar der
ganze Epilog u. A. doppelt ist. Ebenso der Titelkopf.
Der geharnischte Reiter, der auf dessen Steinzeichnung
in der I. Ausgabe gegen die hockenden Gestalten
trägen Herkommens heranreitet, ist in der II. Ausgabe
sachlicher und schöner durch ein zusammengekauertes
Weib im Boot ersetzt, welches der Mann auf bewegtem

und von nordlichtartiger Sonne halb erhelltem Meer dahinrudert. Ist das Schicksal des Weibes auf stürmischer Lebensfahrt doch fast ganz der Einsicht und dem sittlichen Bewusstsein des Mannes überlassen!

Ein feines Vorspiel leitet die Folge in Prefacio I mit seiner breiten Stichelmanier ein, auf dem mit biblischer Einfachheit Eva neben einem starken Baum in einer Wasserlandschaft im Nachsinnen über die Worte der Schlange: »Ihr werdet mit nichten des Todes sterben, sondern Eure Augen werden aufgethan!« dargestellt ist. — In Prefacio II unterliegt der natürliche Daseinstrieb der Menschheit ideell schon den verderbten Mächten, — denn in dunkler Waldtiefe prüft die Hexe am Feuer den anstachelnden Liebestrank im Kessel, während der Mann lüstern lächelnd dabei hockt. — Und nun nimmt das verfallene Frauenschicksal seinen Lauf. »Träume« erschrecken und verwirren mit begehrsamen Männerköpfen den Sinn des jungen Mädchens, das auf dem gut erfundenen und ausgeführten Blatt: »Verführung« mit dem auf Delphinen zur Meerestiefe hinuntersausenden Paar dem Einen vertraut, der schön an Gestalt und mit feurigen Worten werben kam. — Schnöde »verlassen« wandelt das verzweifelte Weib am einsamen Meeresstrand, — im »Anerbieten«, in den »Rivalen«, im Bühnenstück mit der Ballettänzerin: »Für Alle« sinkt das Leben Schritt für Schritt nach unten, nachdem eine rohe Bubenhand die noch zarte Seele in ihrer ersten Blüte zerstört. — Das tonschöne Blatt mit einem Bild aus dem Nachtgewerbe versinnbildlicht das Angelangtsein in der Tiefe. — Als ein

Haufe ekler Megären fegt nun die Welt die Unglückliche aus ihrer Mitte »in die Gosse« und keine Selbstbesinnung hilft mehr, denn »gefesselt« auf dem Rücken
einer Fledermaus ist das Weib jetzt wehrlos dem
cynischen Spott der »feinen« Männerwelt in Frack und
Cylinder, die sie visionär umgiebt, preisgegeben, und
der »Untergang« ist damit besiegelt, den eine geniale
Symbolik im Kopf eines Ertrinkenden mit dem letzten
Verzweiflungsblick verkörpert.

Ein vornehmer Sinn, der die Erscheinungen der
Welt in ihren Ursachen und Gesetzen vorurteilslos betrachtet und nur Partei für die vergewaltigte Kreatur
in tiefem Mitgefühl nimmt, steht von Blatt zu Blatt
über diesem Lebensgang, — in dem grossartig er-
dachten Epilog zu diesem erschütternden Schauspiel
aus den Daseinsnachtseiten klingt eine Ergebung unter
das Schicksal tröstlich aus, wie sie nicht echter und
christlicher gedacht werden kann. — Da ist »Christus
unter die Sünderinnen«, die vor ihm niedergesunken
sind, in die Vorhölle getreten; er segnet sie und verheisst ihnen die Freuden des Paradieses, welches man
durch einen Spalt in der Höhlenwand erblickt. — Noch
weiter greift der Gesichtskreis im II. Blatt, wo das
Leiden als metaphysische Daseinsbedingung erklärt
wird. Eine riesige Kreuzvision mit dem Heiland steigt
hier hinter einem weinenden Menschenpaar auf. —
Auf die Unendlichkeit von Raum und Zeit, in deren
grandiosen Maassen das Menschenleben ein Atom und
Bruchteil eines sausenden Augenblicks ist, weist das
mächtig empfundene Schlussblatt: »Ins Nichts zurück«,

auf dem das Weib aus Todesarmen von oben durch
das dunkle All willen- und regungslos nach unten sinkt,
wo zwei auffangende riesige Arme das ruhvolle Nirwana

Untergang. Aus: Ein Leben.
(Verlag von Amsler & Ruthardt.)

versinnbildlichen. — — — Dieses letzte Blatt hat eine
gewisse äussere Ähnlichkeit mit einem Vorwurf in den
»Diaboliques« von Rops, aber nur äusserlich; die innere
Auffassung ist eine ganz andere und bei Klinger

grössere, der sicher jenes Blatt von Rops nicht gekannt hat. Der Künstler kümmert sich im Grossen
nicht viel um fremde Kunst, weil er viel zu sehr mit
sich beschäftigt ist; er kennt trotz mehrjährigen Aufenthalts viele Pariser Namen von Klang nicht einmal,
und erinnere ich mich recht, hat er erst Anfang der
neunziger Jahre den Namen Rops von mir gehört, als
ich ihm von gesehenen Blättern desselben erzählte. —
»Ein Leben« ist 1884 gelegentlich eines Berliner
Besuchs herausgegeben. Der Künstler hatte ein Jahr
vorher den Wohnsitz geändert, — er hatte mancherlei
Wandlung erlebt und seelisch die Stimmungen der
letzten Jahre mit ihrer Bitterkeit, ihren Anklagen,
ihrem Verbessernwollen überwunden. Das Jugendwerk
war gethan. Mit ruhiger Entschlossenheit und klarer
Stirn trat er jetzt an die harrenden Aufgaben der ersten
Mannesreife. —
Nachzutragen sind hier noch ein paar Gemälde,
wie die drollige, aber nicht gut gemalte »Gesandschaft«,
der tonschwere »Abend« als eine der besten Malereien,
zu denen auch der »Wandschmuck« für eine Villa
in vierzehn figürlichen wie landschaftlichen Vorwürfen
wegen des grossen farbigen Reizes gehört. Vor 1885
für ein Landhaus in Steglitz gemalt, waren die Tafeln
längere Zeit nach Böhmen verschollen, sind aber 1898
von der Ed. Schulte'schen Kunsthandlung ermittelt und
erworben worden. Sie erregten bei der gleichzeitigen
ersten Neuausstellung in Berlin ein erhebliches Aufsehen. —

*   *   *

Allmählich gefiel es Klinger in Berlin nicht mehr.
Die Zeiten des »Hungerturms« mit ihrer Ausgelassenheit, Lebenslust, ihren grossen Rosinen und kleinen
Geldern waren natürlich längst vorüber; einige Glieder
des alten Kreises waren abgesplittert, andere hinzu-
gekommen; die Beziehungen waren mit den höheren
Jahren jedoch loser und Klinger sehr ernst geworden.
Jeder von den Freunden hatte allmählich das Leben
und einen bestimmten Kreis von Aufgaben gepackt
und seine besonderen Interessen entwickelt. Einig
waren sie bei ihren gelegentlichen Zusammenkünften
nur in der Anschauung, dass der mehr und mehr an
die Öffentlichkeit tretende Naturalismus im französisch-
holländischen Sinne nur eine Erfrischung des Malhand-
werks, nicht aber ein erstrebenswertes Kunstziel für
einen ernsten Künstler sei, — einig auch in der zunehmenden Abneigung gegen die Geselligkeit, welche
bei ihrem schnellen Wachstum in Berlin den geistig
und künstlerisch vornehmen Charakter der guten alten
Berliner Empfangshäuser mehr und mehr verflachte
und Anforderungen an den Einzelnen stellte, die sich
mit ernster Kunst nicht vertrugen. Das ist ja auch
heute noch so. Welcher Künstler sich in Berlin bei
den grossen Verhältnissen nicht streng im Verkehr zu
bescheiden weiss, ist in wenigen Jahren verbraucht, und
wenn er Ankertaue statt Nerven hätte. — Die anderen
Freunde fingen nach und nach jetzt an, sich zu iso-
lieren, — Klinger wurde für eine Wohnsitz-Änderung
reif. Immer dieselben Leute, denselben Kneiptisch, dieselbe Stadtgegend, dieselben Modelle bekommt der

Mensch schliesslich satt. Er war eines Tages mürbe, packte seine Sachen und geht auf vier Jahre, von 1883 bis 86, nach Paris. Er machte es dort wie in München 1880 und nachdem in Berlin, — er schliesst sich ein, haust wie ein Eremit bei der Arbeit, — mit Wenigen bekannt, — fast von Keinem gekannt. Gelegentlich einmal reisst einer der Berliner Freunde ihn bei einem Pariser Besuch aus der Malzelle und macht mit ihm Ausflüge. Sonst lebt er still und isoliert; er hätte ebenso gut in Bromberg oder Leitomischl leben können. Die französische Kunst regt ihn so wenig auf als Volk, Leben, Kultur in Paris; diese für Schwachköpfe so verführerischen Wogen brausen spurlos an ihm vor-über; nichts verrät äusserlich, dass er so lange an der Seine gelebt, — nicht einmal exotische Kravatten brachte er sich als Ausdruck irgend welchen inter-nationalen Anstrichs mit. — Nur der Litteratur tritt er mit der eingehenderen Kenntnis der Landessprache näher, — Flauberts »l'éducation sentimentale« wird sein Lieblingsbuch und desselben Meisters »tentation de S. Antoine« zwingt ihm Bewunderung ab.

Seiner Kunst wird dagegen ein Pariser Erlebnis zur tiefsten Offenbarung: die Kenntnis der Handzeich-nungen von Lionardo im Louvre, — der gebietende Hinweis auf die königliche Natur darin! — Eine uner-schöpfliche Erfindungslust hatte das Naturstudium beim jungen Klinger sehr gehemmt. Die Art seiner Vor-würfe, der graziöse Stil, die arabeskenhafte Richtung der Ausführung beförderten das Arbeiten aus dem Kopfe um so mehr, als ein feines Gefühl für das Or-

ganische und ein ausgezeichnetes Gedächtnis ihn meist
das Richtige treffen liessen. In den letzten Jahren freilich
war ihm auf dem Umwege über die Architektur und die
Landschaft in grösseren Blättern die Wirklichkeit mehr
und mehr auf den Leib gerückt . . . sie lag in seinem
Unterbewusstsein schon als neues Bekenntnis bereit . . .
Lionardo macht es frei . . . riesengross steht die Natur
plötzlich vor ihm als die ursprüngliche Muse aller
Kunst. — Eine himmlische Lust ergreift ihn nach
Offenbarungswerken davon im grössten Kaliber — — —
und seine schönste bisherige Malerei entsteht:

Im »Urteil des Paris« (1884—87) haben die
hellenischen Jugendträume monumentale Gestalt ge-
wonnen, der es allerdings nicht an lustigem barocken
Anhang aller Art fehlt. Als Wandfüllung für einen
Festsaal gedacht, ist das Bild als Triptychon ange-
ordnet und hat eine schwere Basis mit drei bemalten
Plastiken: einem Silen, einer Karyatide, einem Delphin,
dem der Kopf von einem Kerl eingedrückt wird. —
Das Bild befremdet zuerst etwas durch das Beiwerk,
erhält aber gerade durch dessen Lebendigkeit seine
tiefe Ruhe. — Auf dem mit wundervollem Mosaik-
boden bedeckten Dach einer durchtrieben gemalten
Säulenhalle sitzt der glutäugige Paris beim Richteramt,
während Hermes, der Geleiter der Göttinnen, hinter
ihm verbotenerweise den Kopf dorthin wendet, wo-
hin er nicht sehen sollte. Denn da erscheint dem
lenzfrischen Königssohn das Weib in den drei Formen,
in denen es dem Mann begehrenswert ist: als Bringerin
ehelicher Liebe, als Spenderin erotischer Freuden, als

unnahbare Tugend. Eben hat Hera ihre herben
Formen zur Schau gestellt, seitlich dazu kokettiert die
schöne Pallas mit ihrem Langhaar., während die noch
ganz verhüllte Aphrodite mit ihrem lockigen Pariser
Grisettenkopf kommender Dinge harrt. Ein prächtiger
Landschaftsrahmen schmiegt sich dazu um diese Augenweide; in der Mitte das türkisblaue Meer, in dem sich
rechts mit malerischen Abstufungen ein felsiges Vor-
gebirge verliert, während links auf der Uferhöhe ein
abendheimlicher Wald mit rosigen Lichtern stimmungsvoll ragt. So gross aber ist die Kraft leuchtender
Lokalfarben und die Schönheit eines harmonischen
Gesammttons, dass Böcklin eine neuartige Auferstehung
darin zu feiern scheint. Und nicht ein einziges Mal
ist Klinger seitdem ein so völlig »malerisches« Gemälde geglückt. —

Eine weitere Frucht vom Baum lionardesker Er-
kenntnis fällt dazu in diesen Pariser Jahren dem Künstler
mit einem Radierwerk in den Schooss, das mit seinem
so edeln als reichen Stil, den reinen und bedeutenden
Formen, der erstaunlichen Technik im Zeichnungsstil wie
meisterlicher Tonmalerei, vor allem jedoch mit der
lenzfrischen und leidenschaftverhaltenen Natur des
Künstlers ausgeklärteste Reifeschöpfung ist; er hat
noch Grösseres gedichtet, — aber nichts, was so unmittelbar und gedämpft zugleich zu allen Sinnen
spräche, als stände ein schönheitgewordenes Titanen-
leben in Fleisch und Blut vor uns. — Es ist sein
viertes und männlichstes Werk von der Frau, das die
drei früheren in sich enthält, wenn es auch zunächst

In flagranti. Aus: Dramen.

anscheinend ohne philosophischen oder sozialen Gesichtspunkt eine einfache Liebesgeschichte darstellt. —
Anscheinend! In Wirklichkeit breitet sich hinter diesem
Liebesdrama von einem starken, schönen und jungen
Menschenpaar ein weiter Natur - Hintergrund aus, auf
dem diese vollsaftige Dichtung mit ihren neuen und
erdfrischen Erfindungen, Ausdrücken, Auffassungen als
ein gestelltes Problem der Wahlverwandtschaft im Gewand eines Menschenschicksals sich abhebt. — Denn
jetzt hat der einstige Handschuh-Träumer das Leben,
seine Gesetze, den tragischen Widerspruch zwischen
der natürlichen Wahlverwandtschaft und dem Stück-
werk der naturscheuen Gesellschaftsgesetze kennen gelernt . . . er weiss, dass ein Verhängnis fort und fort
wirkt, welches durch Menschenhand zerstören lässt,
was die ewige Schöpfung mit ihren weiten Gedanken
aufbaut, und dass alles Gute, Schöne, Starke überall
und in jedem Augenblick vernichtet wird, wo es Kühnes
im Sinne der Natur wirken will. Solch einen Fall hat
Klinger aus dem Leben herausgegriffen und ihn in
seiner kunstgewordenen Gestalt Arnold Böcklin gewidmet. Das Ding hätte gar keine andere Widmung
tragen können, denn jener hüllenlose und gewaltige
Geist der Schöpfung lebt darin, den erst Böcklin
wiederentdeckte, nachdem er mit Rubens ins Grab gestiegen war.

Auf dem Titelblatt mit der Widmung an Böcklin
von dieser Radierungsfolge: »Eine Liebe« (1879—87)
breitet sich unten ein aufgeregt um ein Riff kreisen-
des Meer, dem Dämpfe entsteigen und oben ein

neues Bild entwickeln. Am Rand eines rauchenden
Kraters horsten starke Adler und fliegen spähend umher, sitzen und stehen üppige Nymphen als Ver-
körperungen der Leidenschaften mit Tang in den
Händen, lagert ein schönes Kentaurenweib und schaut
der Aphrodite zu, welche hier als herbe Liebesgöttin
auf dem Rand sitzt und dem aufmerksamen Cupido
über dem angelegten Bogen hinweg ein Ziel zeigt,
dem der eben abgeschossene Pfeil bereits zufliegt (I)*).
— Er traf das reife Weib im Wagen, das sich er-
schrocken über eine Rose in der Hand beugt, —
und zugleich den Mann, welcher starr an der Strasse
mitten im blühenden Stadtpark stehen bleibt und dem
Gefährt nachschaut (II). — Das Geschoss der Liebesgöttin sitzt fest und kettet nun die beiden wildfremden
Menschen zum Verhängnis aneinander; bald ist der
zweite Schritt gethan. Im prächtig stilisierten Eisen-
gitterthor mit dem sonnigen Hintergrund von Park
und Landhaus steht das glückstrahlende Weib und
empfängt den ersten leidenschaftlichen Handkuss des
Mannes (III). — An der Uferbalustrade des Park-
wassers treffen sie sich zum ersten Stelldichein als-

---

*) In meinem Text zum Hanfstaengl'schen Klinger-Prachtwerk ist
mir infolge sehr ungünstiger Umstände bei den Notizen für meine
Arbeit ein Versehen in der Deutung dieses Blattes untergelaufen,
welches ich hiermit richtigstelle; gleichzeitig bemerke ich, dass in
dem hier vorliegenden Buch ein paar geringfügige Daten gegenüber
denen des Klingerwerkes geändert sind, nachdem sich in der Prüfung
durch urkundliches Material ein paar kleine Irrtümer in des Künstlers
damaligen Auskünften ergeben haben.   D. V.

dann und umfangen sich in heissem Liebesrausch (IV).
— Und dann ist es »Nacht« (V) geworden. Balsa-
mische Düfte von Blüten und Büschen, mondklarer
Frieden von der schlummernden Welt draussen mit
dem weissen Säulengang am Weiher hauchen durch
das offene Fenster zum Gemach herein, in dem das
liebesselige Paar weltvergessene Stunden verträumt.
— — Ein Intermezzo (VI) von sehr edlem Stil in
seinen weich gebundenen Formen bezeichnet den Höhepunkt und lässt ganz leise das tragische Leitmotiv der
Dichtung anklingen. Nackt niedergekauert, wunder-
schön an Körper wie Fleischweichheit, flehen Adam
und Eva am einsamen Felsenstrand den winkenden
greisen Tod und den höhnisch die Verheissungsrolle
hochhaltenden Teufel um Erbarmen an. — — Immer
heisser entflammt schwingt sich jetzt die wilde Leidenschaft des Paares selbstvergessen über die dunkle
Welt drunten »in neuen Träumen« (VII) empor; der
Mann betrachtet sein Glück im Spiegel, den der Engel
ihm vorhält, und das Weib umschlingt ihn selig, ohne
zu achten, dass der Mantel des Geheimnisses von ihrem
Glück abgezogen wird. — Welch' ein weicher grosser
Akkord aber folgt nun in diesem »Erwachen« (VIII)
des Weibes, — wie fein ersonnen und empfunden ist
dieses Stück ursprünglicher Poesie, — und wie packend
ward es ausgeführt! Versonnen sitzt die Geliebte in
der Morgenfrühe auf dem Lagerrand und seltsam
fragend starren die Augen nach dem Sonnenreflex in
der Fensterscheibe, in dem der zarte Umriss eines
Kindes sichtbar wird. — Das skizzenhaft gehaltene

6*

Blatt IX verkörpert mit blosser Kontrastbehandlung von Hell und Dunkel das Verhältnis der Welt zu dieser »Schande«. Von der Parkmauer oben schauen zischelnde Frauen auf die Unglückliche drunten an der hellbeschienenen Wandfläche, neben der eine grosse Gespenstfigur schreitet und höhnisch auf den veränderten Schatten des gequälten Weibes weist. — Und dann geht es mit einem starken, künstlerischen Auslaut zu Ende (X). Das Weib hat ausgelitten auf seinem Lager; von Verzweiflung gebrochen sank der Mann an ihm nieder und drückt nun das schöne Haupt mit den in der Todesstarre ergreifenden Zügen gegen seine Wangen, ohne auf den Tod zu achten, der als Wehmutter mit dem Kind im Arm auch ihm winkt. —

Das ist Klingers naturmächtiger Hymnus auf ein Wahlverwandtschaft - Liebesglück und seinen tragischen Ausgang in dieser »besten« aller denkbaren· Welten. — Man hat den düsteren Schluss getadelt. Mit Unrecht. Er ergiebt sich aus dem im »Intermezzo« deutlich ausgesprochenen Geist des Ganzen und aus dem Aufwand grösster Mittel dafür. Jede andere Lösung wäre eine unlogische und bräche die Handlung gewaltsam ab, statt sie zu lösen. »Wozu der Lärm?« würde ein fein empfindender Beschauer etwa angesichts eines Standesamts - Abschlusses mit Recht gefragt haben. — Mehrfach ist auch die Bezeichnung als Darstellung einer »verbotenen Liebe« oder eines »Ehebruch-Dramas« gefallen, welche gar die allerunglücklichste ist und der Sache ein ganz falsches Etikett aufhängt. Ist der »Faust« eine Ver-

führungs-Tragödie? Es heisst den bedeutenden Hintergrund, die Tiefe, die weltüberlegene Denkerauffassung,

Studienkopf für die »Kreuzigung«.
(Besitz der Kunsthandlung Fritz Gurlitt.)

welche allen Werken Klingers seit der »Eva« und den
»Dramen« eigen ist, hier ebenso verkennen als die

Klangart der gewaltigen Naturtöne, — es hiesse auch,
ihn im Inhalt dieses »Intermezzos« wie dieses Schlusses
völlig missverstehen und diesem Denker und aristokrati-
schen Geistmenschen eine plumpe und geschmacklose
Nutzenmoral, wie sie von Vorstadtbühnen aus tugend-
haften kleinen Näherinnen angebiedert wird, unter-
schieben, wenn man von einem »Ehebruch-Drama« mit
einem tragischen Lohn für die Sündhaftigkeit spricht.
Das kann ernsthaft nicht einen Augenblick verteidigt
werden; ich erwähne es aber, weil diese Äusserung
von sonst sehr gescheuten Leuten gefallen ist. —

Das »Paris-Urteil« und »Eine Liebe« sind die beiden
grossen Schöpfungen der wonnig - einsamen Pariser
Jahre. Ein paar andere Gewinne fallen nebenher, wie
z. B. die Kenntnis der Verbindung von Radierung und
Stich, welche u. A. der Franzose Gaillard meisterlich
gehandhabt hat, — und dann litterarische Eindrücke.
Das Hauptgewicht aber liegt bei der neuen Natur-
offenbarung. Sie verfolgt diesen ruhelosen Geist, —
sie bestimmt ihn in seinem kommenden Stil, — sie
lässt in noch unbestimmten Plänen eine Saat aufgehen,
deren Keime der Wanderer über die Grenze mit sich
führte . . . bald sollte dies Gewächs Form, Gestalt und
lebensfähige Säfte erhalten. — — —

— — — Ein fröhliches
Halloh begrüsste den Wanderer im alten Berliner
Freundeskreis, der ihm nach Stauffers Worten inzwischen einen Ehrenplatz an der Mittagstafel auf-
gespart hatte, sintemal sein Genie ihn ohne Formel
und Salbung wie weiland im »Hungerturm« zum

Haupt der Freunde machte. »Er sitzt jeden Tag im Geiste unter uns am Tisch«, hatte Stauffer an seine Schweizer Freundin mit dem Selbstbewusstsein eines Apostels geschrieben. Der Kreis hatte sich um ein paar Gleichgesinnte vermehrt; sie hatten sich fast Alle in kluger Erwägung vom Gesellschaftstrubel in die Einsamkeit zurückgezogen; die Meisten hausten in dem damals neu entstehenden »Hansaviertel« nördlich des Tiergartens, das noch wenig bebaut, vornehm und nicht teuer war. Auch Klinger mietete jetzt in der dortigen Brückenallee ein Atelierhaus auf dem Hof, von dem aus man damals noch über dünnbebaute Strassen und Wiesen hinweg einen weiten Ausblick hatte. — Seine nicht allzu häufigen Zusammenkünfte hielt der Kreis in einem Lokal der Lessingstrasse, der »Villa Anna«, welche die hitzigsten und geistreichsten Erörterungen dieser feingebildeten jungen Künstler, aber auch manch tollen Ulk erlebte, an dem meist Stauffer schuld war. Neben dem noch vom »Hungerturm« herstammenden Prell, Klingers Landsmann, einem feingeschulten und reich gebildeten Geist, der einige Jahre zuvor im Architektenhaus-Festsaal Proben glänzenden Könnens als Freskomaler abgelegt hatte, gehörte Müller-Breslau dazu, ein talentvoller Maler böcklinischer Landschaften; ferner der einige Jahre später in Ägypten gestorbene Architekt Lissel; daneben ein wenig hervorgetretener Begasschüler im Bildhauer Wägener. Der Tollste unter dieser kraftgenialischen Kumpanei aber war Prells engerer Freund, Stauffer-Bern, der Schweizer Naturbursche, welcher nach einigen Jahren glanzvoller Bildnis-Modemalerei und kecken Salonlöwentums in sich gegangen war und die Kunst auf einem neuen Gebiet neu angegriffen hatte. Er war ein verwegener, nüchterner, übermütiger Geselle, an den noch heute mancher damals gehörnte Ehemann in Berlin W. mit Grausen denkt; nichts war ihm heilig; aber die Kunst war ihm ernst. Hans Hopfen hat in der reizenden Novelle: »Mein erstes Abenteuer« ein prächtiges Konterfei von ihm als »Schweizer-Karl« aus der Zeit entworfen, da er in München noch der Stubenmalerei fröhnte.

Dieser Stauffer-Bern tritt Klinger jetzt näher. Er hatte im Winter 1884/85 bei seinem Münchener Jugendfreund Peter Halm, der vorübergehend in Berlin war, das Stechen erlernt, bei seinem Formensinn rasch hübsche Resultate erzielt, war ein technischer Tifteler und Versucher gleich Klinger, der jetzt gemeinsam mit ihm neue Kupfertafelprobleme unter den französischen Eindrücken anpackt. Klinger, der schon sehr bedeutende Radiererfolge hinter sich hatte, war zweifelsohne der führende und erfindende Kopf bei diesen Versuchen, aber der an den Formen der Dinge und dem gewissenhaften Grabstichelausdruck derselben hängende Stauffer vertrat daneben die sichere Methode. Er war dazu ein geistreicher, kritischer, litterarisch sehr gewandter Mensch, der mit glühender Bewunderung an Klinger hing. Und dieses Zusammenarbeiten ist für beide Künstler wohlthätig gewesen, wie die Schöpfungen dieser Jahre bei Beiden beweisen. Stauffer hob es und vertiefte es geistig, — Klinger wurde in den letzten

Blättern von »Eine Liebe« und der Todesfolge auf die
strengere Formendurchbildung gewiesen.

Alles nahm jetzt einen fröhlichen und schaffens-
mutigen Verlauf in diesen Berliner Jahren, wozu ein
äusseres Ereignis nicht wenig beitrug. Das Jahr 1886
war ein Sonnenjahr für die Berliner Kunst und verhiess
ihr den grössten Aufschwung. Ein reger Wetteifer
ging durch die Künstlerschaft, die Jubiläumsausstellung
in jenem Sommer zu einem Glanzpunkt in Berlins
Kunstleben zu machen. Es gelang. Eine Fülle bedeutender Meisterwerke, schlagende Erfolge von Böcklin, G. Max, Gussow, Herkomer elektrisierten Künstler
und Publikum. Der alte Böcklin, welcher die »Todten-
insel« (Leipzig), den »Frühlingstag«, »Burgbrand II«, —
also drei seiner grössten Meisterwerke, — ausgestellt
hatte, kam selbst von Zürich nach Berlin auf Besuch.
Längst der unbestrittene Heilige dieses Hansaviertel-
Künstlerkreises kannte und schätzte er Prell bereits,
begönnerte seit längerem seinen Landsmann Stauffer,
an dessen Übermut der humorvolle alte Herr seine
Freude hatte, sprach sich lobend über Müller-Breslau
aus und lernt jetzt Klinger kennen, welchem er seitdem der wärmste Freund blieb. — Und dieser Besuch
zündete bei den jungen Leuten im Verein mit der froh-
bewegten Zeit, — er stärkte auch die feinen Künstler-
gewissen im heiligen Drang, sich treu zu bleiben und
nach eigenen Gesetzen auszuwachsen, — er befestigte
bei Klinger das in Paris gewonnene Naturbekenntnis,
— er half schliesslich seitdem ruhelos in Klinger
Gährendes herauszudrücken: die unwiderstehliche Nei-

gung zur Plastik. Schon im Rahmenwerk seines
»Paris-Urteils« sind die ersten glücklichen Versuche

Das Kind. Aus: Vom Tode I.
(Verlag von Amsler & Ruthardt.)

damit gemacht. Jetzt kommt hinzu, dass auch Stauffer
ersichtlich in seinen Stichen immer schneller dem

plastischen Ideal zusteuert, und bereits 1887 formen
die Freunde um die Wette und es entsteht Klingers
vielgenannter erster Entwurf zu einer »Beethoven-
figur«.

Im Entwurf mehr malerisch als plastisch gedacht,
ohne zureichende Erfahrung über die stoffliche Wirkung
der runden Formen im Aufbau, ist dieser bemalte
»Beethoven« doch ein Werk von grossen Eigenschaften und durch und durch originell. Halbnackt,
nur von rotem Tuch verhüllt, mit übergeschlagenen
Beinen, einen Adler zu Füssen, sitzt der Heros auf einem
reich gezierten Thron über Wolken. Die Fäuste liegen
auf dem Knie, der Leib ist vornüber gebeugt, mit
gepressten Lippen und verlorenen Augen, — Klingers
eigenen unergründlichen Augen! — lauscht er in kraft-
voller Versunkenheit auf Melodieen, die in seiner Seele
fluten. — In jenen Jahren wurde gerade die Frage
nach der Bemalung der Figuren lebhaft erörtert, wozu
sich Klinger in seinem Zukunftstraum von einem räum-
lichen Gesamtkunstwerk, in dem Architektur, Malerei,
Plastik auf das Engste mit einander verbunden sind,
rückhaltlos bekennt. Schreibt er doch das Stillstehen
der Plastik seit der Renaissance wesentlich der einfarbigen Manier und ihrer unkünstlerischen Rücksichts-
nahme auf die Lichter von Marmor und Bronze zu.
In diesem Sinne ist der »Beethoven« für die Ausführung in Marmor, Bronze, Elfenbein, mit Bernstein-
augen gedacht, um eine atmende Lebendigkeit der
Kunstwirkung zu erzielen. Und das ist zuerst an
diesem »Beethoven« versucht; der Künstler hat es seit-

dem an anderen Figuren thatsächlich ausgeführt und
bewiesen, dass diese, der römischen Verfallzeit und
dem Barocco verwandten Grundsätze lebensfähig an
sich sind, wenn nur ein edler Stil die Klippen der Un-
kunst zu vermeiden weiss. —

Neben diesem eigentlichen Berliner Werk des
»Beethoven« sind diese Jahre an der Spree von
1886—88 dem Abschluss lange schon bearbeiteter
Schöpfungen gewidmet. Das »Paris-Urteil«, »Eine
Liebe« werden vollendet, — einen vorläufigen Abschluss wenigstens vom I. Teil erhält jetzt auch das
schon 1881 begonnene grösste Radierwerk von Klinger:
die Folge »Vom Tode«.

Das Todesthema hat von jeher für die Kunst,
und namentlich die deutsche, eine verführerische An-
ziehungskraft gehabt, seit man nach den grossen
Seuchen im 14. Jahrhundert eine reizvolle cyklische
Form der Todestänze dafür ersonnen hatte. Uralt
also und reich gepflegt ist das Gebiet, das in Über-
einstimmung mit dem kirchlichen Dogma in Kirchen
und Klöstern, auf Kirchhofsmauern und in Blättern
unter dem ethischen Gesichtspunkte, dass der Tod der
Sünden Sold sei, behandelt ward. Die berühmteste
Darstellung dieser Art sind die nach Holbeins des
Jüngeren Zeichnung gefertigten Holzschnitte, auf denen
in der geistreichsten Weise und graziösesten Form der
Tod die Menschen unerwartet, bei der Sünde, höhnisch
und mit Vorliebe von den Daseinshöhen zu sich ruft.
Die Neigung für diesen Vorwurf ist der deutschen
Kunst geblieben; sie hat eine gemütvollere Auffassung

entwickelt; in Einzelblättern und Folgen haben die
Grossen neue und weitere Gesichtspunkte herauszu-
arbeiten gesucht; über Holbein ist Keiner ernstlich
hinausgekommen, weil Jeder auf der Grundlage des
Christentums fusste und damit eben gebunden war. —
Klinger ist der erste Bringer einer neuen Auffassung, weil
er sich in diesem Falle von christlichen Anschauungen
als Sohn einer naturwissenschaftlichen Zeit zu lösen
verstand. Es ist dabei seltsam geradezu, wie sicher
er von früh auf für dieses Gebiet sich rüstet.
Mitten im heiteren und graziösen Spiel der Jugend
mit ihren verführerischen Arabeskenwerken kommen
dunkle Stunden über ihn; halb noch ein Knabe
greift er schon zum Todesthema; immer öfter kehrt
es in bizarrer, bitterer, ergebener Stimmung wieder;
mit der zunehmenden Düsterkeit der Reife ist es
schon der feste Bestand in allen seinen Werken
geworden und die »Dramen« können bald als ein
erster Totentanz gelten. So mancherlei Ähnlichkeit er
oft in der zierlichen Hand und dem losen System des
Nebeneinander mit Holbein hat, so anders schaut er
den Gegenstand an. Das Unerklärliche, Geheimnisvolle, Grausige dieses unergründlichen Übergangs vom
Sein in das Nichtsein zieht ihn an; ihn erschüttert und
verbittert ausserdem die Grausamkeit des Schicksals
bei der Wahl seiner Todesopfer, die blinde Unge-
rechtigkeit desselben und die so oft in Erscheinung
tretenden entsetzlichen Formen und Qualen, — alle jene
Fälle also, gegen welche das menschliche Empfinden
sich entsetzt auflehnt. Thatsachen eines unfriedlichen

Todes betrachtet er im ersten Teil der Folge als ein
Philosoph, der furchtlos schaut, sich mit kaltem Mut
in das Unvermeidliche ergiebt, aber hinter allen
seinen Gebilden ein grosses Erbarmen mit dem
Todesleid der Geschöpfe offenbart. Und das ist ein
eigener Zug. Zwischen den Künstlern und Bildnern
ihrer zeitgenössischen Anschauung vom Tode Holbein und Klinger kann heute der Vorrang — vielleicht noch unentschieden sein, — der warmherzige
Mensch aber und vornehme Geist Klinger steht weit
über dem kalten Cyniker Holbein. —

Der erste Teil der Folge: »Vom Tode«
(1881 — 89) gehört stilistisch teilweise noch zu den
Jugendwerken; er ist geistreich erdacht, zierlich und
fein in den Formen, zeigt viel hübsches Rahmenwerk;
die Natur darin ist stark übersetzt. — Im Titelblatt I
sitzt der Künstler bei Nacht auf einer Gartenbank,
schaut auf die seltsam vom Mond beleuchteten und
verzerrten Wolken, während Vorstellungen von ge-
waltsamen Todesformen ihn mit Schauer erfüllen. —
»Seeleute auf einem Riff« (II) erblickt er mit dem
inneren Gesicht, die, vom Wrack mühselig gerettet,
jetzt angstvoll von Klippe zu Klippe vor einer lüsternen
Riesenschildkröte springen, ohne ihr entrinnen zu können;
in der Predelle empfängt der Teufel am Höllenkrater
die ihm vom Tode zugeführten Opfer. — »Im Meer«
(III) reisst der lange Todesarm eben ein Schiff in die
Tiefe, die im Rahmen eine dämmerige Wüste ist, —
er hat »auf der Chaussee« (IV) die alte Botenfrau mit
einem Blitzschlag zu sich geholt. —

Auf dem sehr hübschen Blatt V wird das »Kind«,
während die Mutter auf der Bank am Seeufer ein-
schlief, von einer winzigen Todesgestalt dem Wald
hinten zugeführt. — Im »Herodes« (VI), der vergiftet
vom Thron in der Arena stürzte und verblich, während
die Höflinge scheu abstehen, ist der Schrecken eines
politischen Mords geschildert. — Einem jähen Tod er-
lag auf der Flur durch einen Hufschlag beim Pflügen
der »Landmann« (VII), dessen aus der Kopfwunde
strömendes Blut der Erdgeist unterhalb der Scholle gierig
trinkt. — Das grinsende Gerippe »auf den Schienen«
(VIII), welches an der Kurve des mit winkender reicher
Beute aus den Bergen nahenden Eilzugs harrt, verbildlicht eine sehr moderne Todesart. — Grausam sucht
der Unerbittliche auch trotz seines mitleidigen Ge-
sichts im Rahmen die »arme Familie« (IX) heim,
deren Ernährer eben auf dem Lehnstuhl in elender
Dachkammer verschied; die verhärmte Frau schaut
mit dem angstvollen Kind auf dem Arm verzweiflungs-
voll aus der Fensterluke. — Im Schlussblatt X wird in
der Wüste von Furien eine fliehende Familie zurück-
gehalten, deren eines Mitglied sich vor dem als Heiland
erscheinenden Tod niederwarf. Dieser versöhnende
Schluss spiegelt sich auch in der sarkophagartigen
Predelle mit dem Leichnam eines Greises darin und
der Bekenntnisinschrift: »Wir flieh'n die Form des
Todes, nicht den Tod, — denn uns'rer höchsten Wünsche
Ziel ist: Tod!« —

Das Letzte an dieser ersten Cyklushälfte ist in
Rom gethan, wo auch die Herausgabe erfolgte. Da-

neben entstehen noch in Berlin mehrere Blätter von der zweiten Hälfte. Sie gehören aber in Stil und Anschauung einem so ganz anderen Kreis an, dass sie von ihm aus zu betrachten sind. — —

Der junge Gentz hat Klinger in diesen Jahren (1888) einmal in sehr charakteristischer Weise gezeichnet. Die Hände in den Hosentaschen, den interessanten Kopf vornüber gebeugt, welchen dichtes lockiges Haupthaar, ein kurzer voller Bart und die typische goldene Brille schmückt, blickt er gedankenversunken gerade den Beschauer von unten her an. Eine Tiefe der Geistesabwesenheit von der Aussenwelt drückt sich da aus, dass man meint, ein neben diesem Ohr abgefeuerter Schuss stört ihn nicht und schreckt ihn nicht auf. Man traut diesem ungewöhnlichen Gesicht seltsame Träume, die er auf die Kupfertafel schrieb, zu, noch ehe man sie kennt. — — — Künstler-Freundeskreise pflegen nie lange zu bestehen, weil die Unruhe des Berufs und dessen Entwicklungsbedürfnis als feindliche Elemente bald dazwischentreten. So eng sich diesmal auch der Kreis zusammengeschlossen hatte, — so drängende gemeinsame Interessen sie als Vertreter einer noch nicht anerkannten, neuidealistischen Kunstweise hatten, rissen neue Pläne und Aufgaben sie doch auseinander. Stauffer ging eines Tages nach Rom — seinem harrenden Verhängnis entgegen, — um dort einsam mit sich und der Antike Bildhauer zu werden, — welches Beginnen der Freundeskreis in der »Villa Anna« durch ein höchst ausgelassenes Abschieds-Bacchanale feierte, ohne zu ahnen, dass dieser

Abend auch der letzte Glanzpunkt der Tafel für immer
sein sollte; Prell stieg auf die Gerüste im Festsaal des
Hildesheimer Rathauses, um dort in lebensvollen Zügen
die Geschichte der märchenhaften Domstadt an die
Wände zu malen; Klinger aber machte noch einen
Entwurf zu der Mädchenfigur einer »Salome« und dann
drängte es ihn in eine andere Welt. Er wollte in
Rom das Marmorhauen erlernen und sich jetzt ganz
der Plastik gleich Stauffer zuwenden. Aber Menschen-
entschlüsse! Er diente wie Jakob um Rahel fast sieben
Jahre, ehe die »Salome« in Marmor auferstand; der
»Beethoven« blieb stehen; neue Bildwerke begann er
nicht. Mächtige Eindrücke am Tiberufer, reiche innere
Erlebnisse verlangten nach dem lebendigeren Ausdruck
in Malerei und Radierkunst. — —

*
* *

Klinger wird in Stauffers Briefen schon im Früh-
jahr 1888 als in Rom befindlich erwähnt. — Wie
anders hatte er Einzug gehalten als 38 Jahre früher
sein bewunderter Meister Böcklin! Dieser arm, unreif,
unfruchtbar - verträumt, lebensunklug, — Jener mit
31 Jahren schon von bedeutender Vergangenheit, klar,
ein Weltmann, in sorglosen Verhältnissen. Wie anders
wirkte auch die Stadt auf beide Künstler! An der
Antike wie der Renaissance ging der Schweizer fast
anteillos vorüber, — nur die Landschaft reizt ihn, —
virtuos gemachte Bilder entstehen ihm dort unter den
Händen, die kaum einen Eindruck vom Ort ihres
Schaffens verraten. Bei Klinger dagegen gewinnt
gerade die Vergangenheit Leben vor dem staunenden

Auge, — sein Kunststil erhöht sich, — sein Sinn und
seine Ideen klären sich aus unter dem Eindruck zweier
grosser Kulturen; der Hauch der bildlichen Ewigkeit
über der vergangenen Tiberstadt löst ihn vom Menschen-
loos und lässt das Menschentagewerk als nichtig
schliesslich vor Fernblicken zusammenschrumpfen, wie
sie ihm diese Stadt eröffnet, in der auch Michelagniolo das Menschsein vergass und sich unsterblichen
Gedanken hingab. —

Körperlich lässt sich der Künstler in einer ge-
räumigen Werkstatt der Via Claudia am Colosseum
nieder, verschliesst sich wie in Paris als Einsiedler
und arbeitet ohne Ruhe und Rast. Er bringt nahezu
mit der Fruchtbarkeit der Jugendjahre hervor, und
was er macht, ist ebenso neu als bedeutend in Idee
und Ausführung. Nur alle paar Wochen kritisieren
er und Stauffer, welcher sich in der Villa Strohl-
Fern eingenistet hatte, einander, — in der guten
Jahreszeit machen sie mit dem Club alpino an-
regende Sonntagsausflüge in die Abbruzzen, — erst
wenn ihn das Fieber schon hat, reisst sich Klinger
aus seinem Studio und verbringt die heissesten
Sommerwochen im Gebirge oder an der See, oder
macht seine schnellen Fahrten nach dem Süden, nach
Oberitalien, um in Siena, Orvieto, Pisa, Florenz alte
Kunst zu studieren und an letzterem Ort auch einmal
im Januar 1893 den kranken alten Böcklin zu be-
suchen. Sonst verschliesst er sich, verkehrt selten
mit Wenigen, wird aber bald Vielen durch den Nim-
bus um seinen Namen bekannt und bemerkt, wenn er

seine gedankenverlorenen Spaziergänge in die Campagna macht. — Einsamkeit ist in ihm und um ihn. —
Geist aber und Stimmung dieser Tage drücken
jetzt das feste Gepräge auf den zweiten Teil der
Folge: »Vom Tode«, welcher das eigentliche römische
Werk ist, obgleich das Einleitungsblatt schon 1885 in
Paris und weitere in Berlin entstanden sind. Die in-
time Wärme, — die leichte Hand, welche in Tod I
manch' Blatt von gewinnender Anmut schuf, sind heraus, — die Ideen schauen nur noch die letzten Welt-
gesetze an, — gross und feierlich ist der Stil, als
habe die Antike dem schaffenden Künstler über die
Schulter geschaut, — die Aquatinta in der Technik
ist mehr und mehr dem reinen und gemischten Stich
gewichen, welcher eine kleine Reihe erlesener Meisterwerke der Kunst bezeichnet.

Bezeichnend ist das so weiche und doch bestimmt gehaltene Umrissblatt der Einleitung für den
erhöhten Standpunkt. In Wolken thront dort der
Weltgeist, riesig, mit durchdringendem Blick; er breitet
die Arme über die höchsten Bergspitzen und hält die
Sanduhr, welche mit ihrem Ablauf die Menschen von
der Klippe stürzen heisst, — »jahrlang ins Ungewisse
hinab«. Unbesorgt davor schreitet hingegen im Vordergrund ein Jüngling, — als feiner Vorklang auf: »Und
doch«, — »integer vitae scelerisque purus« dem gleichen
Abgrund zu; die ewige Jugendlichkeit des Weltwerdens
und des menschlichen Anringens gegen das Schicksal
liegt in seinem furchtlosen Schritt. — — Die Reihenfolge der Blätter in dieser Folge ist durch Irrtum in

7*

Kunsthändler - Katalogen und Museen vielfach nicht richtig; Klinger hat nach Laune und Neigung die Einzelvorwürfe ausgeführt, nachdem der Gesammtplan feststand, — was zu irrigen Annahmen verleitet hat. Ich bitte meine Reihenfolge als authentisch zu betrachten, da sie auf der Angabe des Künstlers beruht. — — Blatt II, III, IV verbildlichen nach diesem Vorspiel die gebietenden Erdenmächte der Menschheit, welche das Schicksal zu erteilen, im Werke ihrer Hand die eigenen Tage zu überdauern scheinen, aber dennoch unfrei gerade durch ihr Thun der Selbstvernichtung unterliegen. »Der Herrscher« (II) empfängt trotz der Bitte seiner Gemahlin Fackel und Schwert von dem als Kirchenfürst gekleideten Tod, um sie in friedliche Gefilde drunten zum eigenen Verderb zu schleudern. — »Der Philosoph« (III) angelt im Hängen von eisiger Bergspitze nach der entglittenen Brille, ohne welche er die zerschmetternde Inschrift im Schnee: »Sciens nesceris« mit den beiden Tatzen daran nicht einmal entziffern kann. — Das noch fehlende Blatt IV wird im »Genie« den künstlerischen Erdenwahn unter gleichem Gesichtspunkt betrachten. —

Diesen ideellen Todesmächten stehen in Blatt V, VI, VII die materiellen Menschheitsgeisseln gegenüber: Die »Arbeit« (V) oder das »Elend«, bei der man die Menschheit im Joch vor einem Lastwagen mit riesigem Säulenkapitel erblickt, während ein teuflischer Vogt die kurze Mahlzeitspause überwacht. — »Der Krieg« (VI) und die »Krankheit« (Pest) für Blatt VII sind einstweilen erst in vielverheissenden Entwürfen vorhanden. —

Auf Blatt VIII: »Und doch« schreitet über nächtige
Erde unter lichtem Himmel mit geierflügelartigen
Wolken darin ein nackter schöner Jüngling und schaut
begeisterten Auges der kommenden Sonne entgegen.
Die menschliche Erkenntnis- und Selbstentäusserungs-
kraft vergisst das Schicksal des Einzelnen, — schöpferische Vorstellungen von den Weltgesetzen, den Kate-
gorieen, von Wesen und Zweck des ungeheuren Prozesses
wachsen im kleinen Menschenhirn und trotzen der Ver-
gänglichkeit. — Denn nur das Individuum stirbt, nicht
die Gattung nach dem mächtig empfundenen Meister-
stich: »Mutter und Kind« (IX), auf dem die tote junge
Mutter im Sarg quer vor einem Säulenportal ruht und
das Kind mit verwunderten Augen als Träger eines
neuen Geschlechts auf ihrer Brust hockt. — Und die
Geschlechter vergehen ihrerseits, aber die Menschheits-
idee hält als geistige Macht mit strenger moralischer
Selbstzucht des Religionsstifters, welcher auf der Berges-
höhe die reichgeschmückte »Versuchung« (X) von sich
weist, die Glieder zusammen und bestimmt die
Richtung. — Aber wiederum nur ein Atom sind
Menschheit und Menschenwerk im Angesicht der ewigen
Natur, durch welche die »Zeit« (XI) als hammer-
bewehrte Kriegergestalt mit starrem Blick, gefrässigen
Nattern statt der Haare, über Tempeltrümmer schreitet
und den Genius des Ruhms samt seiner Posaune nieder-
tritt. — Welches aber ist der Zweck alles dieses
Werdens, dieses Fortlebens in Fleisch und Blut die urewige
Zeit hindurch und dieses milliardenfach getragenen Todes-
leids? Das Christentum wie der Buddhismus legen diesen

Prozess als eine moralische Läuterung für ein künftiges
höheres Leben aus. Die heutige Naturwissenschaft
sagt: die stets gesteigerte Vollkommenheit des Indivi-
duums! Max Klinger erklärt gleich Nietzsche den
Zweck für einen ästhetischen; im schönsten und tief-
sinnigsten Künstlerbekenntnis, das vielleicht jemals ausgesprochen ist, sagt er es schlicht: »Die Schönheit«!
In dem ganz herrlichen Schlussstich: »An die Schönheit«
kniet auf prangender Wiese zwischen prächtigen Baumgruppen der Mensch, welcher die entstellenden Kleider
abgeworfen hat, und betet schluchzend im Anblick des
rauschenden Meers die. von ewigem Schönheitsdrang
beseelte Natur an. — —

Hier aber ist ein Höhepunkt in Klingers bis-
herigem Schaffen erreicht. Welch' eine reiche und
bewegte Welt bietet sich von ihm beim Rückblick
dem staunenden Auge dar! Die höchste Anmut und
Heiterkeit erfüllt den Schönheitsdrang der spielenden
Jugendtage; mit dem Reifen und Erstarken des Geistes
wie dem Erwachen des Temperaments gewinnen philo-
sophische und ethische Triebe die Oberhand und
stimmen das unverdorbene junge Gemüt tragisch; vom
Panlachen übermütiger Akademikerjahre bis zur verzweifelten Düsterkeit des die Welt durchschaut habenden
Mannes werden alle Register einer grossen Menschenseele geöffnet und grosse Ideengänge ziehen welt-
bedeutend Werk an Werk bei uns vorüber. Da ist
der Entwicklungsprozess des Generalmenschen auf dem
Daseinsgipfel sichtbar, wie ihn Dante, Michelagniolo,
Goethe, Wagner durchliefen, — da scheint die Kunst

in ihrer höchsten Würde ein Spiegelbild der edelsten menschlichen Fähigkeit zu sein. — Hand in Hand damit und Schritt für Schritt aber offenbart sich ein immer mehr anwachsendes Bedürfnis nach einer neuen Kunstform für diese Ideen. Von der fast vollkommenen Anmut der Jugend her, deren origineller Schönheitssinn noch nicht übermässig weit sich über dem Herkömmlichen erhebt, tastet die Hand nach einer neuen Prägung für das ergrabene Gold. Manch ein Missgriff läuft mit unter, — mehr und mehr weiss der Künstlersinn sicher und sieghaft originale Gebilde hinzustellen; vergleicht man das Vollendete miteinander, so ergiebt sich eine fest zusammenhängende Kette von lauter Gliedern einer neuartigen Schönheit, die sich gerade so allmählich und sicher wie die Dantes, Michelagniolos, Goethes, Wagners die Welt erobern wird. Und in diesem monumentalen Wachstum bedeutet das Schlussblatt von Tod II den Gipfel und eine volle künstlerische Selbsterkenntnis. —

Aber eine Grenze ist dieser Punkt weder nach oben noch nach der Seite. Nachdem Klinger sein schönstes Wort ausgesprochen, macht er ruhig einen Punkt dahinter, giebt auf eine Frage noch ebenso gelassen eine Antwort in seinem Buch und schlägt die Richtung auf einen neuen Erdteil hin ein, den er entdeckt und sogleich zu bebauen beginnt.

Dazwischen reifen ein paar Gelegenheitsarbeiten. Die schon lange vorher begonnenen beiden Kopieradierungen nach Böcklins »Toteninsel« und »Früh-

lingstag«*) werden abgeschlossen; eine vortreffliche
Tafel entsteht in seinem freien Stich nach desselben
Meisters »Florakopf«, dessen glücklicher Besitzer
Klinger ist; ein Stich von der »Fensteraussicht«
der Via Claudia in Rom, — ein interessanter »Schab-
kunstversuch« nach einem weiblichen Akt werden
auch nebenher geschaffen. —

Klinger war bis zu einem bestimmten Höhepunkt
gekommen und sein Kunstprogramm allmählich in
weitere Kreise gedrungen. Er hatte eine verachtete
Technik hochgebracht, indem er auf ihren Ursprung
und ihr innerstes Wesen einging und von dort aus
eine neue Auffassung von ihren Aufgaben entwickelte.
Wie Fragen und Äusserungen der Freunde, auch wohl
Kritiken jedoch lehrten, kam man gemeinhin von dem
alten Standpunkt noch nicht recht los; Irrtümer ergaben
sich; Missverständnisse gerade in dem, was gewollt
war und wohlgelungen schien, drohten sich unausrottbar
festzusetzen. Ein wohlgeschulter, beweglicher, über
ein reiches Wissen gebietender Geist legte der Künstler
daraufhin einige Jahre hindurch seine Ideen über die
Tafelkunst im Ganzen und seine Radierer-Ansichten
im Besonderen abends in Notizen nieder, in denen er
sich selbst Rechenschaft gab und zugleich laut ge-
wordene Irrtümer widerlegte. Als sich genug an-
gesammelt hatte, machte er ein Buch daraus, das 1891

---

*) Sämmtliche Kopie-Radierungen Klingers nach Böcklin ausser
der »Flora« befinden sich als Autotypie im Böcklinband des
»Künstlerbuchs« (Band I).

unter dem Titel: »Malerei und Zeichnung« erschien
und bei Fachmännern wie Laien wegen seines Scharf-
sinns und seiner leichten Lesbarkeit Aufsehen machte.
In der That ist es eines der besten kunstphilosophischen
Bücher der Gegenwart. Die darin vertretenen Ansichten
über Malerei und Plastik sind interessant wegen des
Klingerpersönlichen, bieten viel Neues, sind aber nicht
alle stichhaltig. Wenn der Künstler z. B. die Aufgabe
der Malerei in der formalen Darstellung der Natur allein
erblickt, fasst er die Grenze sicher zu eng. Er hat
übrigens diese Ansicht durch seine eigene malerische
Entwicklung widerlegt. Trotzdem muss jeder ernst-
hafte Kunstfreund dies Buch gelesen haben, weil es in
der Festsetzung der »Griffelkunst« grundlegend ist.

Unter »Griffelkunst« versteht Klinger eine ganz
bestimmte Art von Zeichnungen, Radierungen, Stichen,
Holzschnitten, Steinzeichnungen; nicht zu ihr gehören
1. Studien als Vorarbeiten für ein künftiges Kunstwerk,
2. die Kopie eines fremden Kunstwerks, 3. die Kopie
einer Naturwirklichkeit mit der Absicht einer einfarbigen
Bildwirkung. Eine Handzeichnung Rafaels, Stangs
Stich nach Lionardos Abendmahl, Mannfelds bekannte
Radierung vom Kölner Dom sind dort Vorarbeit, —
hier kunstgewerblich-dekorative Blätter. Die echten
Werke der »Griffelkunst« hingegen stellen selbstständig
und abgeschlossen mittels Hell und Dunkel eine Handlung oder Stimmung dar, in der ein geistiger oder
seelischer Inhalt in symbolischen Bildern ausgedrückt
wird. Diese »Griffelkunst« gebraucht das Bild wie der
Dichter das Wort oder den Vergleich, — sie schildert

in zeitlichem Nacheinander wie die redenden Künste, während Malerei und Plastik nur einen ruhenden Punkt anpacken können; sie wird daher auch als eine erweiterte Kunst nicht vom Schönen allein abhängig gemacht, sondern darf das Hässliche darstellen, da sie dessen Eindruck durch einen späteren wieder aufhebt. Dürers und Holbeins gezeichnete Passionen sind Griffelkunstwerke wie ihre graphischen Cyklen; Goya ist Griffelkünstler wie Schwind einer war und Klinger in seinem ganzen Werk ein solcher ist. — Und Goya wie Klinger werden beide überall gerechtfertigt damit, wo sie in scheinbarem Missgriff Hässliches gebildet, um logisch zu entwickeln und durch den Gegensatz die Hauptpunkte scharf zu betonen. — Handlung und Stimmung' sind der wesentliche Inhalt dieser »Griffelkunst«, welche also die nationale Verbindung von Malerei und Poesie in der ursprünglichsten und einfachsten Form darstellt. Diese Kunst ist demnach litterarisch. Man schaut tief in das Gewerk Klingerischer Ideen und Seelenregungen mittels dieses Hebels, der es öffnet, hinein, — man hat Klinger, und Klinger hat sich selbst in diesen klaren Gedanken prächtig begriffen. Über die Sache ist garnicht mehr zu reden.

Oder doch etwa? — Nanu? — Und die »Brahms-Phantasie«? —

Der drolligste Zufall spielt hier hinein. Das Griffelkunstbuch ist 1891 abgeschlossen, der Künstler fühlte sich kritisch sehr eingeordnet, geschachtelt und etikettiert. Nicht nur eine neue Weise der Radierkunst hat er geschaffen; er hatte sich sogar seine allereigenste Ästhetik

auf den Leib geschrieben. Da stutzt er; ihm fallen so
allerlei Erinnerungen an das Wachsen seiner Folgen,
an Analogieen in ihrem System mit jener Welt ein, die
abends am Flügel sich ihm öffnet. Dazu gehen ihm
neuerdings so merkwürdige Dinge durch den Kopf. Er
hatte seine »Griffelkunst« mit dem litterarischen
Wesen erschöpft geglaubt; wenn auch der Begriff der
Stimmung die Tonwelt schon enthielt, so hatte er doch
mit keinem Wort an ein musikalisches Ausdrucks-
vermögen der »Griffelkunst« gedacht. Mit kühnem
Entschluss geht er an seine weittragendste Eroberung,
den Griffel jetzt auch der Musik dienstbar zu machen.
Und das ist in der »Brahms-Phantasie«
(1891—94) geschehen. — — Klinger war von jeher
ein leidenschaftlicher Musiker und meisterlicher Klavier-
spieler; sein Flügel stand stets in der Werkstatt; von
der Dämmerung an tauschte er oft die Welt der Farben
und Formen mit der der Tonschwingungen, indem er
bis tief in die Nacht hinein vor den Tasten sass. Bach,
Schubert, Beethoven vor Allem kamen dann zu ihm,
und unter ihnen und seinen Werken vergass der einsame
Künstler die Mühseligkeit seiner heissen Arbeitstage, —
alles Angstvolle, Lähmende, Beengende, das schöpferische
Kunst immer begleitet, fiel ab. Wellen rauschen, Blumen
düften, schöne Menschen wandeln still dahin, — die
Phantasie schwingt sich in Fernen von unendlicher
Einsamkeit. Seit den achtziger Jahren ist Brahms der
Lieblingszauberer des Künstlers geworden. Namentlich
die Musik zu Hölderlins idealschönem Schicksallied
bannte ihn und weckte immer wieder die heissen Träume

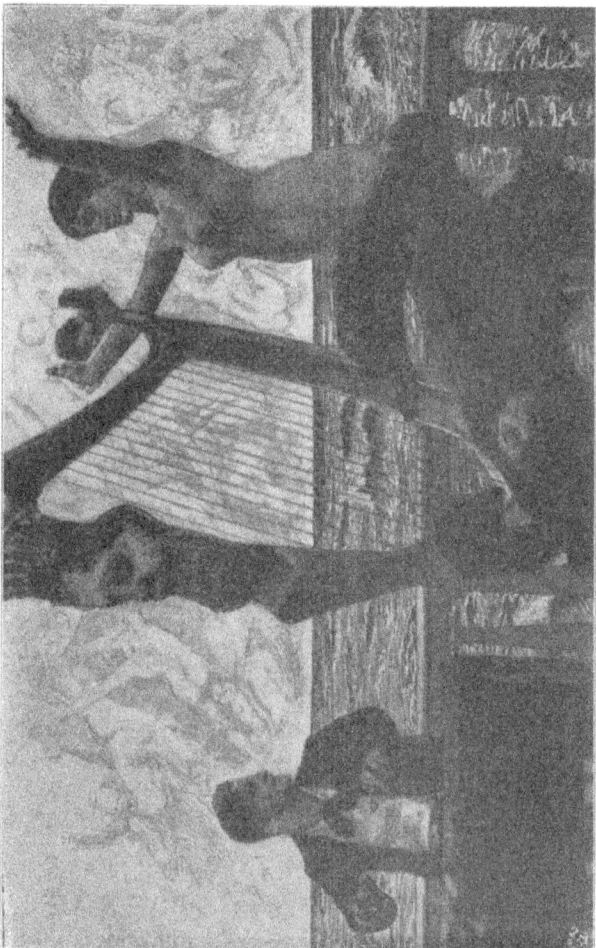

Evokation. Aus: Brahms-Phantasie.
(Verlag von Amsler & Ruthardt.)

von einer düsteren Vorbestimmung, denen man oft bei
ihm begegnet. Und das treibt ihn zu einer Ausdeutung
dieser Musik, die in 41 Stichen, Radierungen, Schab-
kunstblättern in den letzten drei römischen und dem
ersten Leipziger Jahr unternommen wird.

Und dies ist theoretisch eine neue Eroberung Klingers.
Alt ist die Verbindung von Dichtkunst und Malerei, —
alt ist auch der Versuch, in eigentümlicher Verwendung
der Farbe musikalische Stimmungen zu erzielen; von
Tizian und Giorgione geht hier bis zu Böcklin und
G. Max eine feste Bahn. Lieder zu illustrieren ist
auch schon früher gepflegt worden, aber der Text gab
die Vorwürfe, nicht die Musik. Meines Wissens hat
erst Gabriel Max zuerst in seinem Jugendalbum schüchtern
versucht, das musikalische Thema in Zeichnung um-
zusetzen. Zu einer Fortführung ermuntert, erwiderte
er einem meiner Freunde: »Unmöglich, — man könnte
verrückt über diesen Dingen werden!« — Wie günstig
lagen die Verhältnisse hier hingegen für Klinger!
Musiker von Leidenschaft, war er bei der Arbeit immer
voll tönender Seele. Man sieht's überall. Bewusst
greift er für sein System nach dem Vorbild des musikalischen Satzes mit seinen Vorspielen, Ruhepunkten,
Abklängen, seinem begleitenden Beiwerk, — unbewusst
drückt sich rhythmisches Gefühl, Vorliebe für das
Stimmungsgemässe, Visionäre, für die tonwogenhafte
Wärme und Dämmerung in seiner Aquatinta aus, —
die Mittel liegen seit langem erfolgsicher bereit, —
ein kleiner Anstoss genügt,— und riesenhaft bricht es
heraus. Wie ein heisses Aufflammen der über den

Todesbildern lang verhaltenen Leidenschaft und dann
ein stilles Sammeln in Schönheit wird es jetzt, — ein
Ahnen steigt auf, dass mit diesem Werk der Abschied
von der Kupfertafel für lange Jahre verknüpft ist, —
im Rückblick auf mehr als zwölf Jahre treuster Liebe
entfaltet er alle Töne, die er beherrscht. — — Seine
beste Technik, sein reichster Ausdruck, seine geist-
reichste Erfindung entfalten sich noch einmal in der
»Griffelmusik«. Prunkvoll dazu schimmert das ewige
Rom mit seiner Antike und seiner Renaissance vom
toskanischen Quattrocento bis zum Barocco durch die
Ideen und Formen; und der letztere Stil, der ja auch
ein stark musikalischer ist, leiht den starken Affekten
und schwungvollen Linien spürbar vielfach die stilisti-
sche Eigenheit.

Wie glänzend schon in der Erfindung und wie fein
aus dem Thema heraus schlägt das Titelblatt: »Akkorde«
die Tonart an! Der Mensch sitzt auf einem Pfahlbau
unter schattigem Zeltdach im wogenden Meer und spielt
das Spinett, indes die Muse zur Seite durch die Geste
ihrer Hände ihm die Melodie reicht, welche ein Meer-
mensch drunten und spielende Nymphen der grossen
Harfe an der Wassertreppe entlocken. Der Naturlaut
des Wogenschlags giebt dem Menschen die musikalische
Eingebung; auf ihm auch geleitet der Tongedanke im
schnellen Segelboot dem Gestade drüben zu, an dem
eine Felsenbucht mit einem Tempel im dämmerigen
Hintergrund sichtbar wird. — Nun ist der Mensch
unter Musik gesetzt; anmutig gleitende Lyrik, sehnsuchts-
volle Elegieen strömen unter seinen Fingern hervor

und umspinnen ihn mehr und mehr bis zu allmählichem
Versinken und Verdämmern in der Tonwelt. Ein paar
reizende illustrative Vorwürfe, welche den Gedichten
noch näher als der Musik stehen, bilden die leichte,
gleichsam prüfende und die Tonart suchende Einleitung
dazu. So das hübsche Bild zu »Alte Liebe«, in dem
ein Jüngling angesichts einer italienischen Stadt auf
seiner Veranda liegt und in alten Briefen blättert, wobei ihm Cupido ungesehen zuschaut; so auch die
»Feldeinsamkeit« und eine Reihe kleinerer Vignetten,
Randzeichnungen und Bildchen. Auf alle Nebenbilder
des Werks kann im Rahmen des hier vorhandenen
Raumes nicht eingegangen werden, obgleich sie gerade
viel frische Erfindung bieten, — sie erforderten beinahe
ein eigenes Buch. — In diesen Einleitungsbildern eine
zweite Stufe vertreten drei Bilder zur Liebessehnsucht
eines »böhmischen Volkslieds«. Hier ist der Vorwurf
nicht mehr dem Text entnommen, sondern frei aus der
Melodie und ihren sinnlichen Erregungen geschöpft;
ein träumendes nacktes Weib am Sumpfwald in der
Dämmerung, — ein Mann, der auf abendlicher Wiese
von einer visionären Frauengestalt trotz seines Wider-
strebens an einem Baum niedergehalten wird, — ein
schwermütig auf seinem Lager im mondhellen Zimmer
sitzendes Mädchen, welches den Kopf in den Händen
birgt, während der ersehnte Geliebte als Vision zu
ihren Füssen sitzt, verbildlichen diese einfacheren Ton-
träume. — In der dritten Stufe ist der Zusammenhang
mit Hölderlins Schicksallied und dessen gebundener
Musik ein noch loserer; die Phantasie schweift kühn

über die Melodie hinaus und ergeht sich in leidenschaftlich durchglühten Vorstellungen vom ältesten
hellenischen Mythos bis zu dessen Zusammenklingen
mit der Menschheit und ihrem Schicksalsfluch, welche
der Griffelmusiker in monumentalen Gesichten aus der
Musik auf die Kupfertafel übersetzt. — Eine beson-
dere, der ersten verwandte, aber in der Idee gesteigerte Einleitung beginnt in der »Evokation« diesen
Hauptteil der »Brahms-Phantasie«. Nicht mehr die
Natur hat jetzt das Wort als Lautgeberin für nach-
stammelnde schlichte Tonklänge, — sie steht nur
noch im Hintergrund einer 'metaphysischen Kunst,
die als Herrscherin über Rhythmus, Gesetz, Ausdruck
Alles wiederzugeben vermag, was die Menschenseele
in ihrer Kulturhöhe bewegt. Geradezu klassisch ist
das hier verbildlicht. Dem leicht gekräuselten Meer
ist die hehre Muse entstiegen, Maske und Gewand warf
sie ab, glühenden Auges steht sie hüllenlos an der
Balustrade und ihre erhobenen Hände schlagen begeistert
die Saiten der Prachtharfe vor ihr, durch deren geist-
vollen Silenenmund die Stimmen entklingen. In freier
Haltung, die Hände zum jubelnden Anschlag erhoben
aber sitzt jetzt derselbe Mensch wieder am Spinett
und begegnet entflammt dem Feuerblick der Hehren,
durch welchen ihm die leidenschaftlich kämpfenden
und schönheitsvollen Gestalten auf dem Wolkenhinter-
grund sichtbar werden. — Der freischaffende Geist
der Musik ist im Spieler erwacht, — im Wellenschlag
wilder Akkorde malt sich ihm in grossen Visionen
der Göttersieg und die Götterherrschaft über die Sterb-

Mutter und Kind. Aus: Vom Tode II.

(Verlag von Amsler & Ruthardt, sowie der Verbindung für historische Kunst.)

lichen im hellenischen Sinne und in den Kontrasten, die
Hölderlin in wenigen Zeilen angedeutet hat. —
Ein Toben und Krachen geht jetzt durch die Ton-
massen, aus denen eine ruhige Schönheit sich langsam
löst: die hässlichen Riesensöhne des Uranos stürmen
im verzweifelten »Titanenkampf« gegen die Lichtwelt
der Kroniden an, welche Apollo und Artemis mit
sicheren Geschossen verteidigen. — Besiegt ·sinken die
Riesen in die »Nacht« des Tartaros, in dem sie glotz-
äugig-dumpf mit ihren Gigantenleibern fast leblos liegen;
ein stummes Brüten geht durch die Nachtschatten, aus
denen sich nur eine Aussparung links oben mit einem
Weib (Athene?) und einem auf ihre Kunde lauschenden
Mann sowie einem griechischen Helm ablöst. — Zum
»Raub des Lichts« ist im Erbarmen mit der im Dunkel
gefangenen Menschheit ihr grösster Wohlthäter Prometheus ausgezogen und kehrt schon auf der durch einen
langen schimmernden Faden sichtbaren Bahn zu ihr
zurück, die ihn bereits sehnsüchtig erwartet. — Das volle
Daseinsbewusstsein ist nun erwacht und mit ihm helle-
nischer Schönheitskult, der sich an geschmeidigen Gliedern in kunstvollem Tanz erfreut. Blühende Jugend
windet sich um Opferfeuer und Priester am Hain auf
einem »Fest«, und zu Ehren des dionysischen Urgotts
haben die Jünglinge Bocksschwänze umgelegt. — Wie
in der Idee dieses letzten Meisterstichs ein Anklàng
an Nietzsches geistvolles Jugendwerk: »Die Geburt der
Tragödie aus dem Geist der Musik« vernehmbar wird,
so auch in der »Entführung des Prometheus«, der
durch Hermes und den Adler des Zeus auf das Meer

Meissner, Max Klinger.　　　　　8

Fest. Aus: Brahms-Phantasie.
(Verlag von Amsler & Ruthardt.)

hinausgetragen wird; denn der Schicksalruf schmettert in den Menschenfrühling hinein und wird fortan das grausame Verhängnis der Besten. — Das Grauen vor den Schicksal gebenden Göttern ist jetzt erwacht und äussert sich im demütigen Stieropfer bei den Nomadenzelten. —

Dieser Schicksalsfluch begleitet fortab die Menschheit auf ihrem Kulturgang, — er wird das Thema der frühsten Dichtung und durchzieht jetzt als Leitmotiv im Geiste des von Klinger angeführten Hölderlinschen Schicksalliedes, — seiner oft bei ihm wiederkehrenden Lieblingsdichtung! — alle Bildvorwürfe:

>Ihr wandelt droben im Licht
Auf weichem Boden, selige Genien!
Glänzende Götterlüfte
Rühren euch leicht,
Wie die Finger der Künstlerin
Heilige Saiten.

Schicksallos, wie der schlafende
Säugling, atmen die Himmlischen;
Keusch bewahrt
In bescheidener Knospe,
Blühet ewig
Ihnen der Geist,
Und die seligen Augen
Blicken in stiller
Ewiger Klarheit.

Doch uns ist gegeben,
Auf keiner Stätte zu ruh'n,
Es schwinden, es fallen
Die leidenden Menschen
Blindlings von einer
Stunde zur andern,
Wie Wasser von Klippe
Zu Klippe geworfen,
Jahrlang ins Ungewisse hinab«.

Daneben erblickt man den greisen Sänger Homer mit
der Harfe bei einem sphinxartigen Tier, dessen Auge
mit fragendem Verständnisdämmern zu ihm aufschaut.
Am Strand lagern Ungetüme als Kadaver, während in
Wolken Zeus und Hera dahinziehen. Drunten also
Entwicklungskampf, der in den Stufen Urtier, Mischtier,
Mensch mit einem leisen Streifen naturwissenschaftlicher
Bekenntnisse, die sich manchmal bei Klinger finden,
angedeutet ist, — oben die Gottheit in ruhigem Glück. —
Den Menschen allein ist Elend und Leid beschieden;
hilflos treiben sie auf stürmischen Meereswellen und
schauen in der Not gebannt auf das einzige Labsal:
die unerreichbare Schönheit, welche als Schaum-
geborene sich sonnig über ihnen erhebt. — Ein Phantom
ist auch ihr einziges Glück, denn wo das Leben in
seiner »Jugendblüte« wie mit einem Göttergeschenk
begnadet ist, da kommt der Tod als gewappneter Reiter
auf die Burgwiese und ruft das angstvolle Mädchen
ab, — und selbst die »Arbeit« ist als Friedensbringer
nur ein Wahn, denn spitze Schwerter spriessen aus den
Furchen, die der Bauer eben mühselig gepflügt hat;
über den Wolken droben reisst dazu eine Faust das
Gewicht vom Richtmaass.

Eine düstere Hoffnungslosigkeit zieht durch diese
anklagenden Akkorde, — sie strömt schliesslich in
Wehmut und die heldische Ergebung des grossen
Menschen aus, welche das letzte Blatt vom »befreiten
Prometheus« als Stimmung enthält. Der im Anfang ent-
führte Menschheitswohlthäter findet hier die Entfesselung
von langer Qual. Lächelnd steht Herakles am jähen

Fels und lauscht dem jauchzenden Zuruf der Okeaniden
im unheimlichen Seekessel drunten, — der Halbgott

Prometheusstudie. (Aus dem »Pan« 1896 II.)
(Besitzer: Harry Graf Kessler.)

selbst hat das Gesicht zu schwermütigem Sinnen in die
Hände gedrückt. — Dieser tiefempfundene und gross

gedachte Schlussakkord zu Klingers ureigener Schöpfung
in der »Brahms-Phantasie« hat für mich stets, so oft
ich ihn betrachte, einen seltsamen künstlerpersönlichen
Zug. Klinger hatte in mehr als fünfzehnjähriger Entwicklung und unter dem grössten Aufwand von Kräften
jetzt Alles gestaltet und gesagt, was er sagen wollte ...
er war entschlossen, den Grabstichel für lange aus der
Hand zu legen ... da mochte, wie ich schon früher
einmal hervorhob, ein persönlicher Ton sich ein-
mischen, — jenes seufzende Aufatmen, das auch Wagner
den Schluss seiner letzten Schöpfung: »Parsifal« lauten
liess: »Erlösung dem Erlöser!« —

Nur ein paar belanglose Gelegenheitsarbeiten
kommen noch auf die Kupfertafel, — ein paar seiner
hübschen »Ex-libris« entstehen noch ausser den
früheren und den beiden für Fritz Gurlitt, — nämlich
das für Bode, Peters, sein eigenes mit dem schön-
gebildeten nackten Weib am Meer, — dann legt er
Radiernadel und Stichel, die so leicht und fügsam
wie ein Bleistift anderthalb Jahrzehnte hindurch jeden
flüchtigen Einfall aufgezeichnet und jeden ernsten Gedanken gestaltet, bei Seite. Die Kupferplatten ver-
staubten und setzten Spinnengewebe an, — ein Farben-
spritzer huschte gelegentlich darüber her, — schliesslich
überzog sich auch der gleichmässig und dicht mit
glitzerndem Marmorstaub. — — —

— — — Aber Rom! — —
— Der hinreissende Fluss dieser Radierkunst hat uns
mit sich bis in das erste Leipziger Jahr gezogen.

Wir kehren zum stillen Studio der Via Claudia und in das Ankunftsjahr 1888 zurück. Zum Radieren war Klinger nicht nach Rom gekommen, vielmehr zum Bildhauern; statt dessen malte er, wenn er nicht radierte. Die Farbenträume seines »Paris - Urteils« tauchen wieder auf; aber in sie mischen sich tiefe Eindrücke von den herben Quattrocentisten Botticelli und Signorelli, die er in Ober-Italien kennen gelernt hat. Er begeistert sich für deren strengen, auf Zusammenklang mit dem gebundenen Raum berechneten Stil, weil er nach der Überwindung der ersten Befremdung nachhaltig haften bleibt. Das arbeitet sich von Werk zu Werk fortab in seinen Malereien aus, wie es auch in den römischen Todesblättern und der »Brahms-Phantasie« deutlich sichtbar wird.

Mit einem wahren Heisshunger nach Farbe warf sich der Künstler in Rom sogleich auf ein grosses Gemälde, »Die Kreuzigung« (1888—91), dessen Aufbau so vortrefflich ist als Farbe und Durchführung einzelner Gruppen, während es als Ganzes noch nicht gelöst scheint. Originell aufgefasst ist die Gruppe der Feinde links mit der vornehmen Frau, dem Söldner, den Ratsmitgliedern, apart ist der frische Lokalton, rund und satt die Wirkung. Die Mittelgruppe mit Johannes, der ohnmächtigen Magdalena, der starren Maria lässt in der Farbe schon ebenso nach als in der Durchführung, während die Letztere in dem seelenvollen Heilandsantlitz mit dem blonden Haar und Spitzbart noch trefflich ist, das Kolorit jedoch gegen den tonschönen Thalhintergrund abfällt. Item, — einestags setzt der Künstler

den Pinsel hier nochmals an und sein Gesammtwerk
wird um eine Hauptschöpfung reicher sein.

In Rom entsteht auch als ein interessanter Ton-
versuch der merkwürdige Vorwurf: »l'heure bleue«
mit drei Nymphen auf einem Riff bei einem Feuer,
während »die blaue Stunde«, d. h. im Süden jener
Sonnenuntergangs-Augenblick eintritt, in welchem alle
Gegenstände eine blaue Beleuchtung erhalten. Das ist
hier ebenso fesselnd wie malerisch als Selbstzweck des
Bildes behandelt. — Als Wurf höher steht mit seinem
streng gebundenen Stil und der ungemein frischen
Farbe die »Pieta« (1890, Dresdner Gallerie), in der
der altdeutsch-bürgerliche Johannes und die in tiefem
Mutterschmerz aufschluchzende Maria in einem Garten
den todesstarren Heiland betrauern, während sich hinten
eine Frühlingslandschaft mit Laubgrün und Cypressen
stimmungsvoll aufbaut. In Typus und Fleischton ist
der Heiland dem von der Kreuzigung ähnlich; davon
abgesehen ist das Bild in seiner festen Zeichnung und
seiner kräftigen Farbe Zeugnis von sicherem Können
und gutem Geschmack, — es ist eines der besten
Farbenwerke von dieser Hand. Aber schon auf ihm
zeigt sich, was viele kleinere Bilder, wie die »Sirene«,
der formenschöne Akt: »Am Strande«, das »Mädchen in der Campagna« in aller Meisterschaft
der plastischen Form und aller Schönheit des Lokal-
tons weiterhin offenbaren: als Maler überwand Klinger
das Modell nicht immer ganz, — es bleibt oft ein
kleiner Rest zu wünschen übrig. Aber der Künstler
ist als Maler so jung und besitzt so bedeutende Eigen-

schaften und eine solche Spannkraft, dass wir ruhig
das bisher noch nicht ausgesprochene Hauptwort seiner
Malerei abwarten können. Eine solche Zuversicht enthält auch das Urteil, das einer der besten »Maler« der
Gegenwart einmal äusserte: »Klinger wird ein ebenso

Pietà. Nach der Radierung von Alb. Krüger.
(Mit Genehmigung des Verlegers Seemann & Co. in Leipzig.)

grosser Maler (wie er als Radierer und Bildhauer ist),
wenn er keine Natur mehr nimmt.« — — —
— — — Dafür hat das Glück seiner Plastik von
Anbeginn gelächelt und ist ihm treu geblieben, wie es
seiner Radierung stets gewesen war. Klinger hatte den
Entwurf einer »Salome« (Leipziger Museum) nach

Rom mitgenommen, um ihn dort nach den schon beim
»Beethoven« erwähnten Grundanschauungen von farbiger
Raumwirkung auszuführen. Er brachte sein plastisches
Meisterwerk damit in die Heimat zurück. Ein vollendeter
Geschmack in der farbigen Zusammenstellung, ein
plastischer Sinn, ein erstaunliches Lebensgefühl, ein
geläuterter Stil und die Klingerische Fähigkeit, mit
sicherer Hand einen gewollten Grundtypus schlagend
zu treffen, sind die äusseren Kennzeichen dieses genialen
Werks. Wie zufällig und leicht fallen die Gewand-
falten, — wie ungesucht hängt die ausgezeichnet ge-
formte Hand unter dem jungen Busen! Und in der
Pause eines Gesprächs gleichsam lächelt dies zierliche
Gesicht mit halb koketten halb energischen Teilen
unter dem braunen Wulsthaar und auf dem schlanken
Hals Dich an! Nur in einem schnellen Augenblick ist
das Spiel dieser lebendigen Muskeln, das feine Leben
in diesem zarten Fleisch und den erst halb entwickelten
Formen beruhigt, — gleich wird es wieder beginnen
und Dich beschäftigen. Aber ein schneller Blick in
diese verzehrenden Augen macht Dich erstarren, wenn
Du Menschenkenner bist. Etwas Unersättliches brennt
darin, — das Verlangen einer jugendlich-feurigen
Rasse, — die schaffensdurstigen Züge einer Natur von
noch ungebrochenem Temperament. Es ist ein moderner
Medusenkopf, der das Jünglingshaupt mit dem ge-
brochenen Blick und die verkniffenen Züge eines Greises
am Sockel nicht nötig zur Deutung gehabt hätte, denn
in allem seinen Liebreiz erscheint das Weib mit dem
zufälligen Namen »Salome« in Wirklichkeit als der

Vampyr, als der es bei jugendfeurigen wie überlebten
Rassen eine verhängnisvolle Rolle spielt. — Mit diesem
Werk konnte Klinger 1893 Rom getrost verlassen; zu
lernen fand er nichts mehr dort für sich; eine Ruhe
und Sicherheit war bei ihm jetzt an die Stelle unsteten
Hastens und Drängens getreten, mit der er daheim
nun an die Gestaltung umfangreicher Pläne gehen
konnte. —

Der grosse Erfolg einer Münchener Gesamt-
ausstellung 1891, welcher die bisherige kleine treue
Gemeinde des Künstlers mit einem Schlage auf die
besten Kreise unseres Volks erweiterte, die Mitglied-
schaft der Bayerischen Akademie und als das vielleicht
schmeichelhafteste Urteil der Künstler die Ehrenmit-
gliedschaft der Kunstgenossenschaft dem 34 jährigen
Klinger einbrachte, rief ihn mit lockenden Stimmen
nach Norden in die Heimat. Er lässt sich im Eltern-
haus zu Leipzig nieder und richtet sich auf einem
öden Fabrikhof nahebei in einem riesigen früheren
Arbeitssaal vorläufig seine Werkstatt ein, so gut es
ging. Und in diesem Plagwitzer Vorortidyll blieb er
haften, — einsam hausend, einsam schaffend. Nur
rasche Fahrten nach Berlin, Wien, Tirol, von Triest
aus eine abenteuerliche Fahrt im Fluge fast nach
Montenegro, 1894 eine mehrmonatliche Reise durch
Griechenland und dessen Inselmeer, um Marmor zu
beschaffen und seine Kenntnis der Marmorarten zu ver-
mehren, unterbrachen die stille Eintönigkeit. Er hatte
so wenig Bedürfnis nach der Welt draussen, dass er
eine glänzende Wiener Professur ausschlug, wie er

schon früher zwei oder drei Mal den Professortitel aus-
geschlagen hatte, — er nahm den Letzteren erst vor
einigen Jahren von seinem engeren Vaterlande an,
weil er ihn nicht gut ausschlagen konnte. —
In dieser Stille wachsen jetzt bedeutende Werke in
dem monumentalen Stil, welchem Rom das Gepräge ver-
liehen hatte. Und die schönsten Früchte spendet dabei
die Plastik, in welcher bald die »Kassandra« (1895,
Leipziger Museum), der »Salome« den Vorrang streitig
machte. Der Stoff ist noch vollkommener beherrscht, —
die polychrom-musivische Anschauung noch weiter in
der Verwendung von verschiedenfarbigen Marmorarten
und von Bronze getrieben, — das Lebensgefühl auf
derselben Höhe, — der Stil edler noch durch die naive
Einfachheit des Ausdrucks, der mit den besten Antiken
wetteifert. Leicht geneigt ist das schöne, stattliche
Weib und im tiefsten Lauschen der versonnenen Augen
blickt es vor sich hin und hört die voraussagende
Stimme der Götter. Dass die Ausführung eine meister-
hafte ist, scheint selbstverständlich. Das eigentliche
Gnadengeschenk des Kunstwerks aber ruht in der
engen Verbindung von wahrhaft antiker Ruhe und mo-
dernem Feingefühl für die physiognomische Regungs-
weise aller Sinne und das Spiel der Muskeln im leben-
den Körper. — In der letzteren Hinsicht ein geniales
Werk ist auch eine »Nymphe« (1898), mit vor-
gebeugtem Körper, als schaue sie in einen Wasser-
spiegel. Die Haltung ist nicht vorteilhaft; sie war
durch die Beschaffenheit des Marmorblocks bestimmt,
von dessen Zufälligkeiten der Bildhauer oft abhängt;

dankt doch auch einem solchen Umstande bekanntlich
Michelagniolo's berühmter »David« die eigentümlichen
Verhältnisse. — Daneben wächst in diesem Augenblick — Herbst 1898 — der »Beethoven« aus der
tastenden Skizze von 1887 heraus jetzt mit dem reifen
Können des Meisters zu einem zweifellosen Wurf,
während eine mit erhobenen Händen und begeistertem
Blick nach oben einher schreitende »Muse« (1898)
für die Leipziger Universität im Modell vollendet ist.
Für eine geplante »Lampe« ist ein ungemein geist-
reiches und übermütiges Relief der »Leda mit dem
Schwan« schon vorhanden, und die kleine ältere Bronze-
figur einer »Tänzerin« von pompejanischer Ausgelassenheit ist inzwischen zu einer drolligen Gruppe ergänzt
worden ... ein packendes Leben und lustiges Hämmern
ist in Klingers Werkstatt und dem nahen Steinmetzen-
raum, in welchem die Blöcke aus dem Rohen gehauen
werden, dass es eine Lust zu hören ist . . . Keime
künftiger Werke erblickt man überall . . . ist ihm die
Plastik doch jetzt das geworden, was früher die Radierung war: das glückbringende Lieblingshandwerk. —
— — In seinen tiefsten Träumen freilich wandelt Klinger noch immer und wohl für immer über
Blumenauen mit leuchtenden Farben von seltener
Pracht und erschaut weltentrückt in ihnen stille Gestalten als Träger der grossen Menschheitsprobleme. —
Über die Alpen hat er unvergessliche Erinnerungen
an die frühitalienische Raumkunst mit ihrer strengen Grossartigkeit mitgebracht, die den Wunsch
nährten, auch seinerseits Hand an Monumentalgebilde

zu legen. Kaum in Leipzig angelangt, spannt er eine
schon in Rom 1892 begonnene und in die Heimat
mitgebrachte riesige Leinwandfläche auf, die er von
1893—96 mit der grosserdachten Allegorie: »Christus
im Olymp« bedeckte; in ihr ist der ideelle Zusammen
prall von Antike und Christentum, in anderer Weise
verbildlicht als es durch Ibsen in seinem Doppel-
drama: «Kaiser und Galiläer» geschah. Als ein von
Palmenstämmen gegliedertes Triptychon zeigt das
Bild in seiner tiefgestimmten Predelle den Tartaros
voll lebendiger Titanengestalten, — im linken Flügel
die auf den Vorgang aufmerksam lauschende Fabel-
und Naturwesen-Welt, — im rechten noch Olympier,
unter denen der bunte Ares fröhlich seine Klinge
wetzt. Zwei ausgezeichnete Marmorfiguren nackter
Nymphen, welche ergriffen und gespannt auf das Ereignis oben schauen, befinden sich als ideelle Stütz-
punkte in der Basis. Ein weiter blumiger Götter-
garten mit dem Meer und einem bunten Tempel auf
der Höhe im Hintergrunde eröffnet sich und zeigt
einen in aller Ruhe dramatisch gestimmten Vorgang.
Als blasser Dulder im goldgestickten Bischofskleid
tritt Christus einher, welchem die Kardinaltugenden
als züchtig verhüllte Frauen mit dem schweren Holz-
kreuz folgen und auf die geringschätzigen Blicke der
nackten Aphrodite und ihrer Frauen daneben nicht
achten. Ein Todesschrecken geht von diesen Gästen
auf die Olympier aus: der greise Zeus zuckt zurück
und starrt den Fremden an, Hera ist in Ohnmacht
gefallen, Cupido kommt herausfordernd nach vorn,

die Andern warten stumm des Kommenden. Nur
Bakchos tritt dem Heiland herzhaft mit der Schale der
Begeisterung zum Willkommgruss entgegen und die
zierliche, bisher missachtete Psyche ist flehend zu
dessen Füssen niedergesunken. — Der Aufbau des
Bildes ist bedeutend, — die Durchführung nicht überall gleich, — aber die auf Freskowirkung hin ge-
stimmte Farbe reich, von seltener Pracht, im Lokalton stark ausgeprägt und geschmackvoll zusammen-
gebracht; bei der Wahl der Palette gab die symbolische Absicht den Ausschlag, — — nicht die Natur
wies das Ziel, sondern ihre durchgeistigte Erhöhung. —
In der Werkstatt des Künstlers und auf der Leipziger
Gewerbeausstellung von 1897 in einem richtig ab-
gestimmten Saal, wie er von Haus für das Bild gedacht ist, war die Wirkung bedeutend und ge-
schlossen, — im Münchener Glaspalast ist es 1898
durch eine unsinnige Beleuchtung und Nachbarschaft
meuchlings totgeschlagen worden. — Das hat diesem
genialen Werk ein unverdientes Urteil von mancher
Seite eingetragen, — wozu noch als dabei mitgewirkt
habend kommt, dass gerade heute, nachdem vor zehn
Jahren Natur und Naturalismus das Schlagwort war,
die Tagesmode in ihrer Veränderungslust die »kleinen«
Palettenkniffe bevorzugt. Ohne starke Mängel eines ersten
monumentalen Versuchs leugnen zu wollen, glaube ich
doch, dass diese trotzdem gewaltige Schöpfung sich die
Anerkennung erzwingt, wie sich alle grossen Meisterwerke Bahn gebrochen haben. So neue und originale
Dinge sind fast niemals Schlager, — sie wachsen

hinein in das Urteil der Zeitgenossen und bleiben bestehen, während die Tagesmoden wie Regen und
Sonnenschein einander folgen und jagen! — —

* * *

Das ist das Werk von Max Klinger bis zum nahen
Ende unseres Jahrhunderts. — Schon in seinem äusseren
Umfang kündet es sich als
eine der Gesammtkünstler-
schaften an, welche wie
die von Alberti, Lionardo,
Michelagniolo, Dürer nur
in sehr stark bewegten,
nach Ausdruck ringenden
Zeiten vorzukommen pfle-
gen und dann gleichsam
die ganze Kraft und die
reiche Fülle von Anschau-
ungen eines Jahrhunderts
in sich enthalten. — Sein
Buch: »Malerei und Zeich-
nung« ist grundlegend für
die Griffelkunst, wird wahr-
scheinlich im Stil, kaum je
aber in seinem Geiste ver-
alten, — seine Malerei hat

Ex-libris Max Klinger.

mit ein paar Würfen und riesigen Versuchen bedeutende Eigenschaften und grosse Gesichtspunkte, die
in harrenden Aufgaben für Museum und Universität
in Leipzig sicher glänzende Beweise in absehbarer Zeit
ablegen werden. — Der neue Stil und die wichtigen

Probleme, welche die wenigen Plastik-Meisterwerke
des Künstlers bisher gebracht und gelöst, reihen ihn
schon heute unter die bedeutendsten Bildhauer der
Gegenwart ein. —

Sein Griffelwerk jedoch steht im Vordergrund bis
heute, trotzdem er seit 1894 eine neue und monumentale Bahn eingeschlagen hat. In seiner Radiertechnik ist die schöne alte Kunst der Kupfertafel ver-
jüngt, unendlich bereichert und aufs Neue den höchsten
Ideen erschlossen; er ist heute unbedingt als einer der
grössten Stecher aller Zeiten anerkannt. — Als Künstler
dazu ist er mit dem Griffel in der Hand anscheinend
alle Spuren menschlicher Gedankenflüge gezogen und hat
alle Register der modernen Menschenseele geöffnet.
Die Kulturen der letzten paar Jahrtausende liehen ihm
ihre Formen, die in völlig neuer Prägung die Ideen-
gänge moderner Naturwissenschaft, der herrschenden
Philosophie, der sozialen, ethischen, künstlerischen
Fragen, der Lebenstriebe und Zukunftsinstinkte der
Gegenwart vielartig gestalteten und jede Tonart des
Menschenempfindens von heiterer Lust bis zu düsterer
Verzweiflung, von gelassenem Ernst bis zur demütigen
Entsagung anschlugen. Eine unendliche Fülle von
Bildern, Metaphern, Allegorieen aber war ihm in jedem
Augenblick des leisesten Winks gewärtig . . . und was
er auch anpackte und wie er es anpackte: immer
geht der Zug zu einer kraftvollen neuen Schön-
heit hindurch!

Reynolds hat in einem seiner Vorträge das sehr
angreifbare Wort fallen gelassen, dass der grösste

Künstler nicht mehr als etwa 6—7 einwandfreie Meisterwerke schaffe. An Raffael, Dürer, Böcklin wird es zu
Schanden. Auch an Klinger. 300 Werke sind bis zu
seinem 40. Lebensjahr etwa entstanden, — mehr als
ein Drittel ist davon vernichtet, weil es vor seiner
Selbstkritik nicht vollgiltig war. Von diesem Rest bestehen etwa 50 Werke jede Prüfung durch eine unbefangene Kritik ... sie werden der Zukunft sagen,
welch' eine Fülle von edelster Kunstschönheit in unseren Tagen aus dieser einen Hand eines Zeitgenossen
geschaffen ist ...

Und noch Anderes wird die Zukunft bewundern,
wenn sie mit den weitesten Volkskreisen in die kraftvollen Schönheitsgebilde Klingers hineingewachsen sein
wird, — wie jene Vergangenheiten im Lauf weniger
Jahrzehnte einst in die Welt Michelagniolos, Dürers,
Holbeins, Velasquez', Rubens, Rembrandts hinein-
wuchsen, so fremdartig ihnen diese schien und so
viel tiefer vorher ihr Geschmack in Kunstdingen war.
Denn hier wirkt das grosse Zuchtwahlgesetz der
Kultur mit unerbittlichem Druck auf jede Bequemlich-
keit. Die Volksinstinkte greifen nach allem Starken,
Neuen, Reichen, das ihnen Verjüngung und Ver-
mehrung der Seelenkräfte verheisst und in seinen
Eigenschaften aus ihrem eigenen Volkskörper und
seiner Zeitphysiognomie hervorging. Sie haben ihre
Nacken willig einem Dürer, Michelagniolo, Shakespeare,
Goethe, Wagner, — diesen harten und tyrannischen
Eroberern, — gebeugt, — sie werden sich unbedingt
auch dem Werk von Max Klinger beugen, weil in

einem halben Hundert von Plastiken und Malereien und 12 Folgen mit rund 150 Blättern aus seiner Hand bisher nicht nur die grösste Zahl von Meisterwerken einer so neuen als kraftstrotzenden Schönheit, sondern auch die umfangreichste Summe von lebensvollen Ideen und zündenden Vorstellungen in künstlerischer Form enthalten sind. Und das eben wird die unbefangene Zukunft, die rückwärts nur mit Thatsachen rechnet, bestaunen: gleich nach Wagner ist Max Klinger auch als eine der grössten Gestalten der Kunstgeschichte durch unsere Mitte gegangen! —

*
*   *

Wer die Welt kennt, macht sich nicht viel aus ihr; und Weltkenntnis und grosse Künstlerschaft fallen immer zusammen. Klinger hat sich um das Welttreiben nie viel gekümmert, — stets einsam gelebt, — und in diesem Drang nach Abgeschiedenheit sich, sobald es ging, 1895 in Plagwitz zu Leipzig dicht neben der Elternvilla ein reizendes Junggesellen - Asyl geschaffen. Ein tiefer Vorgarten verbirgt das Haus gegen die Strasse, — der hübsche kleine Hintergarten an der eilenden Elster (oder ist es die Pleisse?) stösst an den grossen elterlichen Park, so dass beide Grundstücke den Nachbar zwischen ihnen umfassen. Eine einfache Vornehmheit ist in der Fassade ausgesprochen, — die Räume nett, behaglich, nicht übermässig weit, — es fehlt nur eine Hausherrin darin. Ehefeindlich ist er nicht, — er behauptet immer lachend, dass »die Rechte« noch nicht gefunden sei und im Übrigen die materielle Pflege durch die treue Mutter und die bei-

den liebevollen Schwestern drüben im andern Haus zum
Suchen nicht ermuntere. Das Haus enthält noch einen
sehr geschickt angelegten Ausstellungssaal, einen Balkon
zum Aktmalen im Freien, die Steinmetzenwerkstatt;
die ganze hintere Hälfte nimmt der riesige und sehr
bequeme Werkstattsaal des Künstlers ein, der die
Bildwerke, Gemälde, Radier- und Schreibtische enthält,
— als Bibliothek, Empfangsraum, Wohngemach, Musik-
saal zugleich dient. Er ist die Generalbehausung,
während alles Übrige trotz seiner sehr geschmackvollen
Ausführung nur Anhängsel scheint. In ihm befinden
sich überall ohne jede Aufdringlichkeit viele Erinnerungen an Klingers Reisen in Kunstwerken, Merk-
würdigkeiten, hängen auch seine drei Böckline, — er
atmet überall die Nähe einer bedeutenden Persönlich-
keit, der Arbeit Leben und Alles ist. Dringt doch,
wenn nicht gerade die Steinmetzen nebenan hämmern,
kein störender Laut vom Weltlärm hierher. —

Schlank, muskulös, gliederstark, mit kurzem blon-
dem Haar und rötlichem Kinnbart, mit einem Paar
abgrundtiefer brauner Augen hinter der goldenen
Brille wirkt hier der Herr des Hauses ruhig nach
Aussen, zurückhaltend, aber weltgewandt in seiner Be-
wegung. Klingers Natur hat in ihrem Empfinden und
Denken etwas Keusches und giebt sich deshalb nach
Aussen spröde; er hängt von Stimmungen ab; ein
Fremder kommt ihm schwer nahe; Bekannten gegen-
über ist er jedoch lebhafter. Durch seine vielseitige
Bildung hoch interessant, ist er sehr durchdacht und
von ungewöhnlicher Arbeitskraft. Er trifft meist den

richtigen Punkt im Urteil, ist streng in der Kritik, spricht niemals ab; jedes ränkesüchtige Wesen ist ihm völlig fremd und zuwider, — vielmehr leitet ihn in den Anschauungen über Kunst und Welt die sachlichste Unbefangenheit. — Dazu ist er von warmem Familiensinn und daheim wie im Freundeskreis auch heiter und gesprächig. Das Hervorstechende ist ein von Grund aus vornehmes und ritterliches Wesen, ein lauterer und goldechter Charakter, eine seelenvolle Gemütstiefe, die Fremden zu offenbaren er freilich eine fast mädchenhafte Scheu trägt. Ihm ist etwas Seltenes zu Teil geworden, das vor ihm nur Dürer so schön verkörpert hat: gewaltige Kunst, — eine stattliche und Frauenherzen leicht bethörende Erscheinung, — ein bedeutendes Menschentum; ihm fehlt nur die bestechende Lippenfreudigkeit des Nürnbergers, — sonst nichts!

Das ist das Werk und die Welt von Max Klinger! — — —

Berlin im Dezember 1898.

Franz Hermann Meissner.

Benutzte Litteratur:

Georg Brandes, Moderne Geister, II. Auflage (Frankfurt a. M. 1887).

Verschiedene kleinere Aufsätze von mir in Westermanns Monatsheften 1891, Kunst unserer Zeit 1894, Münchener Neuesten Nachrichten 1895/96.

Mein Max Klinger-Werk (München 1896, Franz Hanfstaengl).

O. Brahm, Karl Stauffer-Bern, IV. Aufl. (Leipzig 1896): ·

E. K. Graf zu Leiningen-Westerburg, Ex-libris von Max Klinger (Ex-libris-Zeitschrift Jan. 1897).

Paul Kühn, Christus im Olymp (Leipzig 1897).

Hinzuweisen ist ferner auf Vorträge und Aufsätze derselben Herren, welche ich schon im Band I: „Böcklin" anführte und in dessen Neudruck um einige mir von befreundeter Seite nachträglich genannte Namen ergänzte. Ich hebe von den Universitätslehrern darunter noch A. Schmarsow und Konrad Lange hervor. —

Für Klingers Anerkennung besonders gewirkt haben ferner: Max Lehrs, Hans W. Singer, Theodor Schreiber, sowie durch selbständige Schriften ausser den oben Genannten: F. Avenarius, W. Bode, Carl Frey, Jul. Vogel u. A.

D. H.

Ingram Content Group UK Ltd.
Milton Keynes UK
UKHW010836180723
425342UK00004B/244

9 783863 477318